Jesus:

# MIR NACH!

Glaubenskurs

## Autor

OStR Pfarrer i.R. M Th Andreas Gripentrog, Jahrgang 1957, war nach seinem Theologiestudium in Basel von 1980 bis 2022 als Pfarrer der evangelischen Kirche in Österreich, zuletzt in der Toleranzgemeinde Schladming tätig. Das ist eine der traditionsreichen Pfarrgemeinden, die sich nach zwei Jahrhunderten Geheimprotestantismus gleich nach dem Toleranzpatent Josephs II. 1781 neu gebildet haben. Ein Arbeitsschwerpunkt in der Schladminger Tochtergemeinde Radstadt-Altenmarkt hat zu einer besonderen Beschäftigung mit katechetischen Fragen der Glaubensunterweisung und Glaubensvertiefung geführt.

Gewidmet
allen Schülerinnen und Schülern,
die ich während 40 Jahren in Religion unterrichtet habe.

Jesus:
# MIR NACH!
Glaubenskurs

# Andreas Gripentrog

**Impressum**

Umschlaggrafik und Pictogramme:
Andreas Gripentrog

© 2025 Andreas Gripentrog

Verlag: BoD · Books on Demand GmbH,
Überseering 33, 22297 Hamburg,
bod@bod.de
Druck: Libri Plureos GmbH,
Friedensallee 273, 22763 Hamburg

ISBN: 978-3-7460-4493-4

## Anliegen

„MIR NACH!" Warum dieser Glaubenskurs? Weil es eine große Sehnsucht nach Veränderung des eigenen Lebens gibt. Die Bedürfnisse und „Baustellen" dabei sind sehr unterschiedlich. Aber sie alle verbindet, dass der Mensch selbst sein schärfster Kritiker ist. Niemand will allerdings dauerhaft mit sich unzufrieden sein. Und so gewinnen Entwicklungs- und Wachstumsprogramme für alle Lebensbereiche an Bedeutung. Dieser Kurs behandelt die geistlichen Prinzipien der Jesusnachfolge. Aber auch bei ihnen ist die Frage, was sie wirklich können? Schon Goethe resignierte: „Setz dir Perücken auf Millionen Locken, setz deinen Fuß auf Ellen hohe Socken, du bleibst doch immer, was du bist." Inzwischen ist man nicht zuletzt unter dem Druck immer komplizierterer Lebensverhältnisse wieder optimistisch: Der Mensch kann sich ändern. Und er kann es, weil er es muss. Allerdings kann niemand anders ihn, sondern immer nur er sich selbst verändern. Das soll er dann aber auch wirklich tun. „MIR NACH!" hat als christlicher Glaubenskurs demgegenüber einen entscheidenden Vorteil: Denen, die Jesus folgen, steht für die Veränderung ihres Lebens nicht nur die eigene Kraft zur Verfügung. Durch Gottes Heiligen Geist werden sie zusätzlich dazu motiviert und befähigt. „MIR NACH!" ist darum kein Appell an menschliche Potenziale, sondern ein Leitfaden für Glaubende, die Kraft des Heiligen Geistes das Leben verändern zu lassen.

# Inhaltsverzeichnis „MIR NACH!"

I

# Vorwort

Woher kommt der Titel dieses Glaubenskurses? „MIR NACH!", das ist die Abkürzung und Zusammenfassung der Einladung des wohl größten Weltbewegers aller Zeiten. Jesus von Nazareth hat Menschen so zu sich gerufen: „Folgt mir nach!" Und zwölf Jünger haben sich von ihm rufen lassen und sind mit ihm mitgegangen. Sie haben Jesus auf diesem Weg immer besser kennengelernt und in der Lebensgemeinschaft mit ihm eine bemerkenswerte Umwandlung ihres Lebens erfahren. Später haben die Apostel die ganze damalige Welt mit dem Evangelium bewegt.

Und bis heute setzt sich dieser Impuls fort. Wer bereit ist, sich Jesus, dem Sohn Gottes, dem Christus, anzuschließen, wird von ihm berührt und verändert. Von Christus Bewegte aller Zeiten finden ihren Referenz- und Bezugspunkt in ihm, der gewissermaßen ihre neue Adresse geworden ist. Sie sind nicht mehr bei sich selbst daheim, sondern außerhalb von sich, „in Christus." Darum gehen sie zur Selbstfindung nicht in sich, sondern aus sich heraus und sind ‚übersiedelt' in das Kraftfeld seines Namens. *„Ist jemand in Christus, so ist er eine neue Kreatur; das Alte ist vergangen, siehe, Neues ist geworden" (2 Kor 5,17).* Vom Neuen Testament her lässt sich diese Umgestaltung so zusammenfassen: Wachsen im Glauben, werden wie Jesus. Schon die ersten Jünger, die mit Jesus gegangen sind, sollten nicht nur an ihn glauben, sondern in seiner Nachfolge ihre Beziehung zu ihm auch vertiefen. Die Art von Jesus sollte durch die Lebensschule und Lebensgemeinschaft mit ihm auf die zwölf Apostel abfärben. Und darauf zielen nun auch die zwölf Kapitel dieses Glaubenskurses ab. „MIR NACH!" präsentiert keine Theorie der Selbstverbesserung, sondern möchte auf den lebenslangen Weg der Transformation, der Umgestaltung des Lebens nach dem Bilde Jesu führen. Um dabei vorwärts zu kommen und in Bewegung zu bleiben, sind immer wieder konkrete Schritte zu gehen und praktische Entscheidungen zu treffen. Durch „MIR NACH!" sollen immer mehr Lebensbereiche unter den Einfluss von Jesus kommen. „MIR NACH!" bedeutet dann: Jesus *vor* mir und ich *hinter* ihm, und zwar nicht nur hin und wieder, sondern immer. So geht wachsen im Glauben, werden wie Jesus.

Der Gesamtprozess beginnt mit der Bekehrung, mit der Hinwendung zu Christus, mit der Wiedergeburt, mit dem Empfang des Heiligen Geistes, also damit, dass ein Mensch zum Glauben kommt und eine Beziehung zu Jesus erhält. Dieser Glaubenskurs setzt diesen Impuls, Jesus nachzufolgen, voraus. Es gibt andere Glaubenskurse, die überhaupt erst einmal zum Glauben hinführen sollen. „MIR NACH!" richtet sich an bereits zum Glauben an Christus Gekommene, die in diesem Glauben bleiben und reifen wollen. Die Beziehung zu Christus lässt sich nur vertiefen, wenn sie auch vorhanden ist. Dass Jesusnachfolge konkret und praktisch gelebt wird, dazu soll dieses Buch anregen.

Es ist als Lese- und Lehrbuch konzipiert. „MIR NACH!" lässt sich aber auch gut kapitelweise in Kleingruppen besprechen. Am Ende jedes Kapitels stehen drei Fragen zum Nachdenken und zum Gespräch. Sie dienen der Standortbestimmung und dazu, nächste Schritte zu setzen. Ganz bewusst sind die meisten Bibelstellen ausgeschrieben, weil sie fundamental sind für den Kurs, und weil die Bereitschaft zum Nachschlagen vielleicht doch nicht allgemein vorausgesetzt werden kann. Die Zahl zwölf ist zwar die Zahl der Vollkommenheit. Einen Anspruch auf vollständige Behandlung des Themas ‚Jüngerschaft' erheben die zwölf Kapitel dieses Glaubenskurses aber nicht, auch wenn sie sich an der Anzahl der Jünger Jesu und chronologisch am Weg des Meisters mit seinen ‚Lehrlingen' orientieren.

# 1.

## Angeschlossen an Gott - wie Jesus

Analysiert bekommen:
Wem ich gehöre
Wo ich stehe

Metamorphose

„Du hast dich ja überhaupt nicht verändert." So eröffnen wir manchmal eine Begegnung, wenn wir jemanden länger nicht gesehen haben. Aber ist das eigentlich eine gute oder eine schlechte Nachricht? Ist das ein Kompliment oder eine Beleidigung? Können wir uns darüber freuen, oder müssen wir darüber erschrecken? Umgekehrt müssen wir, weil die Zeit eben nicht stehen geblieben ist, selbst guten Bekannten auf alten, aber Gleichzeitigkeit vorgebenden Fotos erklären: „Und das bin ich." „Was, das bist du?"
Gemessen woran ist jemand ein anderer, ein neuer Mensch? Spurwechsel ist ja noch kein Richtungswechsel, und Runderneuerung etwas anderes als Grunderneuerung. ‚Neu' kann Verschiedenes bedeuten: Neuartig, neuwertig, neuzeitlich, renoviert, jung, modern. Die Griechen entwarfen und erwarteten den neuen Menschen von ihrer Philosophie, die Römer von Recht und Macht, die Aufklärer durch Wissen und Vernunft, die Kommunisten von einer klassenlosen Gesellschaft, die Nationalsozialisten im ‚tausendjährigen' Reich. Und heutzutage verwirklicht sich der neue Mensch durch seine Freiheit und Unabhängigkeit.
Wie können wir der Mensch werden, den Gott in uns angelegt hat, und den Christus sich vorstellt? Ein Schmetterling zum Beispiel hat sein volles Potenzial dann entfalte(r)t, wenn er in einer Metamorphose, einem Gestaltwandel vom Ei zur Raupe, zur Puppe, zum Kokon, zum fertigen Falter alle seine Entwicklungsstadien durchlaufen hat.
Aber wohin sollen sich die Kinder Gottes entwickeln? Maßstab für ihre Veränderung kann nur Jesus selbst sein. Aber Jesusnachfolge ist kein Selbstläufer. Die Nachfolge Jesu kann an inneren Widerständen bei den dazu Berufenen auch scheitern. Und ein Grund dafür, dass der Glaube manchmal nicht wächst, und das Leben sich nicht verändert, ist die fehlende Verbindung mit den anderen biblischen Lebensaufgaben, die Glaubenden neben und wegen ihrer Jüngerschaft

auch noch gestellt sind. Diesen Gesamtentwurf habe ich als einen fünfgliedrigen Lebenszuschnitt in meinem Buch ‚Prototyp Kirche'[1] behandelt. Für Jesu Gefolgschaft steht dabei die Transformation nach den Prinzipien Gottes im Mittelpunkt. Zuvor lebt sie aber bereits mit der Vision zur Ehre Gottes, und in der Sozialisation der Familie Gottes. Sie tritt aber auch in Aktion, im Dienst Gottes und schließlich für die nächste Generation als Botschafter Gottes. Diese ‚Big Five of Life', diese großen fünf Aufträge oder Mandate Gottes beschreiben die Bestimmung des Lebens als Ganzes. Und sie bilden eine Einheit wie die fünf Finger einer Hand. Niemand lebte seine Bestimmung so eng angeschlossen an Gott wie Jesus. Und wegen dieses perfekten Anschlusses schließen sich Menschen bis heute ihm an. Darum muss auch ich analysiert bekommen, wem ich gehöre, und wo ich stehe.

**Wem ich gehöre**

In der Nachfolge Jesu weitet sich die Frage: Wer bin ich? zu der Frage: Wessen bin ich? Wem gehöre ich? Und wenn ich durch Jesus erlöst und sein Eigentum geworden bin, stellt sie sich zugespitzt: Gehöre ich ihm so, dass er mir auch zeigen darf, wo es langgeht? Bin ich bereit, den Entwickler meiner Jesusnachfolge ihren Zweck und ihr Ziel vorgeben und bestimmen zu lassen? Ich weiß, *wann* ich geboren bin. Aber ich muss auch wissen, *wozu* ich geboren und vor allem wiedergeboren bin. Der Apostel Paulus erklärt: Es ist alles durch Christus, zu ihm und für ihn geschaffen *(Kol 1,16)*. Lebensveränderung beginnt also nicht mit meinen Wünschen und Vorstellungen, sondern mit Gottes Absichten. Ich wachse im Glauben und werde wie Jesus, wenn ich für Gott da bin und mich auf diese Bestimmung meines Lebens einlasse.

---

[1] Vgl. A. Gripentrog: Prototyp Kirche, Norderstedt 2020

Ich frage mich also zuerst: Wem gehört mein *Herz*? Feststellen kann ich das an der Menge meiner Sorgen. Je mehr Sorgen ich im Herzen habe, desto weniger Platz habe ich für Gott. Aber zuerst Gottes Liebe gehört mein Herz. Darum mache ich mir neu bewusst, wie sehr er mich schon immer liebt. Und ich erkenne es nicht nur, sondern empfinde es jetzt auch. Gott freut sich an mir, wie er sich an allem freut, das für ihn da ist. Und ich erwidere seine Freude und frage weiter: Wem gehört meine *Zeit*? Gottes Gemeinde, seiner Familie, gehört meine Zeit! Ihr ewiger Bestand macht sie zu meiner Priorität. Denn *„die Pforten der Hölle sollen sie nicht überwältigen" (Mt 16,18)*. Die christliche Gemeinde ist Gottes Zuhause für mein geistliches Leben. Und sie ist der Übungsplatz für die Liebe und die Gemeinschaft. Außerdem kennzeichnet sie mich als Kind Gottes und hilft mir, auch in schwierigen Zeiten am Glauben festzuhalten. *„In seiner Liebe hat Gott uns dazu vorherbestimmt, seine Kinder zu sein durch Jesus Christus nach dem Wohlgefallen seines Willens" (Eph 1,5)*. Zu diesen zwei nach innen wirkenden kommen die beiden nach außen wirkenden Mandate Gottes mit den Fragen: Wem gehört meine *Kraft*? Wem gehört mein *Blick*? Gottes Kampf gegen das Böse in der Welt gehört meine Kraft! Dazu leiste ich meinen Beitrag und übernehme einen Dienst in meiner Gemeinde. *„Denn wir sind sein Werk, geschaffen in Christus Jesus zu guten Werken, die Gott zuvor bereitet hat, dass wir darin wandeln sollen" (Eph 2,10)*. Zu diesen guten Werken gehört schließlich auch die Weitergabe der frohen Botschaft. Und mit Evangelisation beginnt das ganze System wieder von vorn und entwickelt sich zu einem Kreislauf, aber nur wenn ich begriffen habe: Gottferne gehören in meinen Blick! Mich soll kümmern, was Gott kümmert: Das Verlorene: *„Wenn ich nur meinen Lauf vollende und das Amt ausrichte, das ich von dem Herrn Jesus empfangen habe, zu bezeugen das Evangelium von der*

*Gnade Gottes" (Apg 20,24).* Genau in der Mitte dieses Quintetts und im Zentrum dieses Glaubenskurses steht aber die Bestimmung, die die Frage beantwortet: Wem gehört mein *Weg?* Und wenn er mir vorangeht, ist klar: Gottes Sohn gehört mein Weg! Er bestimmt ihn, damit er mich auf ihm verändern kann. *„Die Gott ausersehen hat, die hat er auch vorherbestimmt, dass sie gleich sein sollten dem Bild seines Sohnes" (Röm 8,29).* *„Und wir werden verklärt in sein Bild von einer Herrlichkeit zur andern von dem Herrn, der der Geist ist" (2 Kor 3,18).* Es geht also nicht darum, selber Gott zu sein, wie Adam und Eva es selbstherrlich wollten. *Wie* Gott zu sein, Display, Bildschirm zu sein für seine Herrlichkeit, steht im Mittelpunkt der Jesusnachfolge. Gott hat sein Wesen in seinem Sohn offenbart. Und seine Art soll nun auch mich kennzeichnen. So wie Jesus war, soll ich immer mehr werden. Darum ist er aber an meinem Dabeisein und Unterwegssein mehr interessiert als an meinem Wohlsein und Glücklichsein. Und weil sich mein Leben viel mehr durch Schwierigkeiten als durch Erfolge weiterentwickelt, beschreibt die Bibel die Jesusnachfolge offen und ehrlich nicht als Spaziergang, sondern als Kreuzweg. Ich soll ja nicht nur älter, sondern auch reifer werden und unabhängiger von meinen Wünschen und Launen.

Gott will ausdrücklich *„unsere Heiligung" (1 Thess 4,3).* Dieser fremd gewordene Ausdruck meint jedoch nicht, sich weltflüchtig und ichsüchtig selbst zu vervollkommnen, sondern ‚Heiligung' bezeichnet die bewusste Zugehörigkeit zu Gott, die den Geheiligten Jesu Stempel aufdrückt und ihnen seine Art einprägt, *„damit ihr Gott immer besser kennenlernt und seinem Bild ähnlich werdet" (Kol 3,10 GNB).* Heiligung ist Gottes Werk an mir und gleichzeitig Gottes Weg mit mir, den ich Schritt für Schritt mitgehe. ‚Heiligung' reduziert den Stress, den ich habe, wenn ich nicht weiß, wo ich hingehöre. Schon der Kirchenvater Aurelius Augustinus

(354-430) hat in seinen autobiografischen „Bekenntnissen"
erklärt und zu Gott gebetet: „Denn zu dir hin hast du uns
geschaffen, und unruhig ist unser Herz, bis es ruht in dir."[2]
Die Klärung der geistlichen Zugehörigkeit mündet in eine
geistliche Standortbestimmung.

## Wo ich stehe

Wo stehe ich geistlich gerade? Kommt es mir so vor, dass
ich Gott schon einmal näher gewesen bin? Wie kann ich ihm
dann wieder näher kommen und meine Beziehung zu ihm
vertiefen? Je weiter weg ich von Gott bin, desto weniger bin
ich das, was Gott sich gedacht hat, und desto mehr Probleme
habe ich. Je näher ich Gott bin, desto mehr kann er mein Leben segnen und gebrauchen. Wie ich aus der Distanzierung
von Gott herauskomme, zeigt Jesu berühmtes Gleichnis vom
verlorenen Sohn *(Lk 15,11-24)*. Als der nach der Trennung
von seinem Vater am Ende als Hirte bei den Schweinen ge-
landet war, ging er in sich und besann sich: *„Wie viele Tagelöhner hat mein Vater, die Brot in Fülle haben, und ich ver-
derbe hier im Hunger" (Lk 15,17)!* Womit ich in meinem
Leben zufrieden bin, das werde ich nicht ändern. Und wenn
meine Schuhe undicht sind, werde ich mir erst dann neue
kaufen, wenn mich meine nassen Füße stören.
Um hingezogen zu sein zu Gott, muss ich wie der verlorene
Sohn zunächst meine *Gegenwart satt haben*. Mir muss meine Entfernung von Gott leid sein. Heilsam enttäuscht muss
ich aufwachen und so nicht mehr weiterleben wollen. Ich
muss erkannt haben: In der Entfernung von Gott funktioniert
das Leben nicht. Und dann werde ich wie der verlorene Sohn
mit meiner *Vergangenheit rausrücken: „Ich will mich auf-
machen und zu meinem Vater gehen und zu ihm sagen: Vater,*

---

[2] Augustin: Bekenntnisse, Stuttgart 1977 1/1

*ich habe gesündigt gegen den Himmel und vor dir" (Lk 15,18).* Wenn da also eine Distanz zu Gott besteht, hat nicht Gott sich entfernt. *Ich habe mich von ihm abgewandt.* Ich bin Gott so nahe, wie ich ihm nahe sein will und entschieden habe, ihm nahe zu sein. Aber wie der Heimkehrer im Gleichnis darf dann auch ich die Erfahrung machen: Gott vergibt selbst das, was ich für unverzeihlich halte. Das bedeutet: Ich kann wie der verlorene Sohn dem himmlischen Vater auch meine *Zukunft anvertrauen: „Ich bin hinfort nicht mehr wert, dass ich dein Sohn heiße; mache mich zu einem deiner Tagelöhner" (Lk 15,19)!* Als Ausreißer hatte er von seinem Vater noch unverschämt sein Erbe gefordert: *„Gib mir" (Lk 15,12)!* Inzwischen hat sich seine Einstellung völlig verändert: *„Mache aus mir",* was du dir denkst. Im Mittelpunkt seines Lebens steht nicht mehr er selbst, sondern wieder der Vater. Der nimmt ihn in seine Arme, und die beiden sind sich wieder ganz nah.

Wer Jesus folgt, benötigt solche Annäherung immer wieder. Um auf seinem Kurs zu bleiben, muss der Kurs regelmäßig korrigiert werden. Es ist wie bei der Raumfahrt, wo nur ein paar Zentimeter Abweichung vom richtigen Kurs sich bei den großen Entfernungen und Geschwindigkeiten im Weltall schnell verhängnisvoll summieren würden. Das Problem soll gefunden werden, solange es noch klein ist. Für die Überprüfung der körperlichen Gesundheit gibt es dazu Vorsorgeuntersuchungen. Aber auch das geistliche Leben benötigt Beobachtung: *„Erforscht euch selbst, ob ihr im Glauben steht; prüft euch selbst" (2 Kor 13,5)!* Der Ort dafür kann eine bewusst jeden Tag für Gott reservierte, regelmäßige Zeit der Andacht und der Stille sein. Wie Nahrungsaufnahme und Körperpflege den äußeren Menschen stärken, so machen Gebet und Gottes Wort den inneren fit. Stille Zeit bedeutet persönliche Gemeinschaft mit Gott. Als Atemtechnik des Glaubens ist sie die Überlebenskunst der Glaubenden.

Sie treten in Gottes Gegenwart und empfangen aus der Bibel seine Wegweisung zum Beispiel durch gute Fragen an ihre Texte: Welche *B*itte kann ich äußern, welchen *I*rrtum loslassen, welchem *B*eispiel folgen, welche *E*igenart ändern, welches *L*ob aussprechen, welche *L*ehre verstehen, welche *E*insicht zeigen, welche *S*ünde bekennen, welcher *E*inladung folgen? Durch solche fragende, auf Antwort und Anwendung bedachte meditierende und memorierende *B I B E L L E S E* leitet Gottes Wort die ‚Lehrlinge' Jesu auf den richtigen Weg. Es zeigt ihnen, wenn sie ihn verlassen, führt sie auf den richtigen Weg zurück und hilft ihnen, auf ihm zu bleiben. *„Denn alle Schrift, von Gott eingegeben, ist nützlich zur Lehre, zur Zurechtweisung, zur Besserung, zur Erziehung in der Gerechtigkeit ..." (2 Tim 3,16+17).* Und auch Jesus hat gespürt, dass sich sein Tagesablauf und sein Kontakt zu seinem himmlischen Vater nicht von selbst verstehen. Auch er hat immer wieder die Stille und das Gebet gebraucht und Anschluss an die Kräfte des Himmels gesucht: *„Am Morgen, noch vor Tage, stand er auf ... Und er ging an eine einsame Stätte und betete dort."* Dabei richtete er geistlich neu aus, was offenbar sogar ihm verrutschen konnte: Seine Identität, seine Vision, seine Gewissheit, also wer er ist, wem er gefallen will, was er erreichen möchte, vor allem aber, was jetzt gerade dran ist. *„Lasst uns in die nächsten Orte gehen, dass ich auch dort predige" (Mk 1,35+38).* Angeschlossen an Gott - wie Jesus: „Mir nach!"

**Fragen zum Nachdenken und zum Gespräch:**

Was erwarte ich von diesem Glaubenskurs?

Warum beschäftige ich mich mit meinem Glauben?

Wie geht es mir mit der Bibel, dem Gebet, stiller Zeit?

# 2.

## Angewiesen auf Gott - wie Jesus

Intensiviert bekommen:
Die Beziehung zu Christus
Die Abhängigkeit von Gott
Die Veränderung des Lebens

Trapez: Ich brauche dich

Wenn die geistliche Zugehörigkeit in meinem Leben geklärt, und der geistliche Standort bestimmt ist, kann die Reise in das Land beginnen, in dem die Früchte des Glaubens wachsen. Was sind bei diesem Übergang die ersten Schritte? Als Nachfolger von Jesus habe ich mich bereits bewegt. Ich war einmal *christusfern*, dann *christusinteressiert* und schließlich *christusbekehrt*. Ich mag vor meiner Hinwendung zu Christus vielleicht *christusgleichgültig* oder sogar *christusfeindlich* gewesen sein, aber das ist Vergangenheit. Ich wurde *christusoffen*. Auch die Bezeichnung *christusberührt* und *christusbeeinflusst* und dadurch mit seiner Lehre befasst und bekannt, ist zu wenig für mich und trifft nicht mehr auf mich zu. Denn ich habe die Distanz zu Jesus aufgegeben, bin zum Glauben an ihn gekommen, habe von ihm Vergebung meiner Sünden empfangen und lebe seither *christusverbunden* und manchmal sogar *christusbegeistert*. Was meine Sozialisation betrifft, habe ich mich inzwischen vom bloßen Mitglied, über den regelmäßigen Teilnehmer, zum aktiv Mitwirkenden in meiner Gemeinde entwickelt. Dieser Übergang hat mich *christusbedürftig* gemacht und *christusbegünstigt* werden lassen. Ich benötige ihn immer wieder, beanspruche ihn gern und bitte ihn oft um Segen und Hilfe. Und das ist okay. Aber wenn ich meine Gebete betrachte, wird mir klar, dass sie sich häufig nur um mich selbst drehen, und dass ich noch nicht am Ziel der Reise bin, sondern mir auch diese Frage noch stellen muss: Bin ich *christusbestimmt*? Ich spüre, ich kann die Beziehung zu Christus intensiviert bekommen.

**Die Beziehung zu Christus**

Christusbestimmt, und nicht nur *christusverbunden*, bin ich, wenn ich Jesus nicht nur für mich *gebrauche*, sondern wenn ich mich auch von ihm gebrauchen *lasse*. Ich bitte ihn nicht nur um Segen für das, was ich tue, sondern tue von ganzem

Herzen, was er verheißen hat zu segnen. Ich bin ihm ganz hingegeben und plane nicht mehr hauptsächlich meine eigenen Programme, sondern die meines Herrn. *Christusbestimmt* bedeutet *christusbeherrscht* und *christusbevollmächtigt*. Wie kann ich mich dazu entwickeln? Nicht automatisch, nicht allein, nicht aus eigener Kraft und auch nicht ohne geistlichen Input. Aber dieser Entwicklungsschritt ist auch kein kompliziertes Problem. Auf dieses Niveau hebt und bringt schon so Vertrautes wie regelmäßige Gemeinschaft und gründliches Bibelstudium. Ich umgebe mich regelmäßig mit christusbestimmten Glaubensgeschwistern und vertiefe mich mit ihnen in Gottes Wort. Und der Meister Jesus gebraucht beides als Praktikum für mein Wachstum.

In allen Beziehungen gibt es Entwicklungsstadien. Selbst die Beziehung zu einem Auto verändert sich. Wenn es neu ist, wird es sorgfältig gehegt und gepflegt. Aber bald schon sind erste Abnützungserscheinungen und Aussetzer festzustellen. Irgendwann lohnen die immer teureren Reparaturen nicht mehr, und man ist so frustriert über die Unzuverlässigkeit des Wagens, dass man ihn nur noch loswerden und abstoßen will. Auch Beziehungen zwischen Menschen können sich ungünstig entwickeln. Eheleute zum Beispiel sind schnell entzückt voneinander, bald enttäuscht und entfernt voneinander und gehen schließlich entzweit auseinander. Am Anfang Begeisterung: ‚Ich hab' dich zum Fressen gern'! Am Schluss Verbitterung: ‚Gern hätte ich dich gefressen!'

Auch die Christusbeziehung ist Schwankungen ausgesetzt. Der bekannteste Jünger von Jesus, Petrus, hat das erfahren: Für Jesus hatte er alles verlassen. Zu Jesus war er sogar einmal auf dem Wasser gegangen. Ein klares Bekenntnis zu Jesus hatte er abgelegt. Aber einmal folgte er Jesus gefährlich ganz allein und nur *„von ferne" (Lk 22,54)* und hat Jesus dann prompt dreimal ängstlich verleugnet, als er nach seiner Zugehörigkeit zu ihm gefragt wurde. Aber das war nicht das Ende ihrer Beziehung. Jesus konnte Petrus erstaunlicher Weise weiter gebrauchen und zwar wohl nicht *trotz*, sondern sogar *wegen* seines Versagens. Petrus hatte nämlich aus diesem Umfaller gelernt: Als Jünger Jesu bin ich nicht der Nase nach auf eigener Linie unterwegs, sondern lasse Jesus so vorangehen und die Richtung vorgeben, dass ich auf seiner Linie bleibe, auch wenn sie zum Kreuz führt. Petrus hatte am Ende verstanden: Es hängt davon ab, wovon ich abhänge. Das Geheimnis einer vertieften Gottesbeziehung ist das Maß der Abhängigkeit von Gott. Bei Jesus selbst war das auch nicht anders. Auch er war zutiefst gottesbedürftig, existentiell angewiesen auf Gott und darum tief verbunden mit ihm: *„Der Sohn kann nichts von sich aus tun, sondern nur, was er den Vater tun sieht" (Joh 5,19)*.

### Die Abhängigkeit von Gott

Jesus lebte und wirkte im Angewiesensein auf seinen Vater im Himmel. Und seinen Jüngern sprach er in der Bergpredigt denselben Status zu: *„Selig sind, die da geistlich arm sind; denn ihrer ist das Himmelreich" (Mt 5,3)*. *„Freuen dürfen sich alle, die nur noch von Gott etwas erwarten"* GNB). Solcher Gottesbedürftigkeit steht jedoch der Zeitgeist entgegen. Der Höchstwert des modernen Menschen ist die Autonomie, die Selbstbestimmung. Christusbestimmte schwimmen bewusst gegen diesen Strom und leben in der ‚Fremdbestimmung' der Nachfolge. Sie vertrauen auf Gottes Macht und erfahren seine Zuständigkeit als Freiheit. Sie sind abhängig von der *Weisheit* Gottes, dadurch jedoch unabhängig von den eigenen Künsten und Grenzen: *„Verlass dich auf den Herrn von ganzem Herzen, und verlass dich nicht auf deinen Verstand, sondern gedenke an ihn in allen deinen Wegen, so wird er dich recht führen" (Spr 3,5+6)*. Aber eben nicht *auch* auf den Herrn vertrauen und *schon auch* auf den

Verstand, oder wenigstens auf *einigen* Wegen. Nein, vertrauen von *ganzem* Herzen *nur* auf den Herrn auf *allen* Wegen! Abhängig sein von der Weisheit Gottes bedeutet angewiesen sein auf die *Kraft* Gottes. Aber das ist kein Nachteil. Es ist eine Chance. Denn je weniger eigene Kraft, desto besser für die Entfaltung der Kraft Gottes. Seine ‚Dynamis' ist kein zusätzlicher Hilfsmotor, der die Leistung der eigenen Kraft ergänzt. Gottes Power hat den Vorteil, dass sie durch menschliche Schwäche gerade nicht eingeschränkt, sondern sogar entschränkt wird: Paulus bezeugt sogenannten geistlich Starken einmal, dass und warum Gott seiner mehrfachen Bitte um Heilung eines seiner Leiden nicht entsprochen hat: *„Und er hat zu mir gesagt: Lass dir an meiner Gnade genügen; denn meine Kraft ist in den Schwachen mächtig. Darum will ich mich am allerliebsten rühmen meiner Schwachheit, damit die Kraft Christi bei mir wohne. Darum bin ich guten Mutes in Schwachheit, in Misshandlungen, in Nöten, in Verfolgungen und Ängsten um Christi willen; denn wenn ich schwach bin, so bin ich stark"* (2 Kor 12,9+10). Paulus hat durch diese Erfahrung vor allem Geduld gelernt.

Wer Jesus nachfolgt, ist nämlich auch abhängig vom *Timing* Gottes. Das schließt die Gewissheit ein: Gott ist nie in Eile. Gott ist ewig und steht darum zeitlich nie unter Druck. Und auf Gott warten müssen, bedeutet nicht, dass er nicht am Wirken ist. Eine Verzögerung ist bei ihm nicht unbedingt eine Verweigerung. Sein ‚Verzug' ist kein ‚Nicht', sondern vielleicht nur ein ‚Noch-nicht' oder ein ‚So-nicht', das Betende auf ihre Gebetserhörung vorbereitet. Auf Gott warten bedeutet, ihm vertrauen. Müssten Kinder Gottes nie auf ihn warten, müssten sie ihm auch nie vertrauen. Darum: *„Ich aber will auf den Herrn schauen und harren auf den Gott meines Heils; mein Gott wird mich erhören"* (Mi 7,7).

Das gilt für Leiden und Nöte, aber auch für Anfeindungen und Auseinandersetzungen. Wenn Jesu Getreue angegriffen werden, sind sie hingewiesen auf die *Verteidigung* Gottes. Sie müssen also nicht selbst um ihr Recht und ihre Ehre kämpfen, sondern können deren Wiederherstellung getrost dem überlassen, der jede Verletzung heilen kann. Sie machen sich auch bewusst: Nicht zurückschlagen heißt, am meisten so sein wie Jesus, *„der, als er geschmäht wurde, die Schmähung nicht erwiderte, nicht drohte, als er litt, es aber dem anheimstellte, der gerecht richtet"* *(1 Petr 2,23)*.

Alle, die Jesus nachfolgen, sind und bleiben schließlich abhängig von der *Versorgung* Gottes. Sie sind keine Selbstversorger. Und sie sind nicht nur in komplizierten, sondern in allen Lebenslagen auf ihn angewiesen. Aber genau diese Abhängigkeit schafft laut Paulus auch Versorgungsgewissheit: *„Mein Gott aber wird all eurem Mangel abhelfen nach seinem Reichtum in Herrlichkeit in Christus Jesus"* *(Phil 4,19)*. Denn wer das Eigentumsrecht hat, hat auch die Sorgepflicht. Der Nachfolgeplatz ist hiermit angewiesen und die Nachfolgeposition beschrieben. Jetzt gilt es, sie auch bewusst einzunehmen und die Frage zu stellen: Was tragen die ‚Günstlinge' Jesu bei zu ihrem geistlichen Wachstum und zur Veränderung ihres Lebens?

## Die Veränderung des Lebens

Auch wenn es davon abhängt, wovon ich abhänge, meine Abhängigkeit von Gott macht mich nicht zu einer passiven Marionette, sondern im Gegenteil zu einem höchst aktiven Kooperator. Trotzdem bleibt es dabei. Gott wirkt hundert Prozent. Es gibt keine ‚Mischfinanzierung' etwa halbe-halbe oder zwei Drittel zu ein Drittel. Dieser ‚Hausbau' ist nicht Marke Eigenbau. Aber das bedeutet nicht, dass ich die Hände in den Schoß legen und auf die automatische Veränderung meines Lebens warten kann. Die besondere Logik der Bibel ist nicht ein Nacheinander des Wirkens: Erst ich, dann Gott.

Und auch nicht meine Freistellung von der Mitwirkung: Nicht ich, sondern Gott. Mein Leben verändert sich bei einer Verschränkung des Wirkens: Gott durch mich! Paulus formuliert nur scheinbar widersprüchlich: *„Schaffet, dass ihr selig werdet, mit Furcht und Zittern. Denn Gott ist's, der in euch wirkt beides, das Wollen und das Vollbringen, nach seinem Wohlgefallen" (Phil 2,12+13).* Weil Gott hundert Prozent gibt, gebe ich nicht null Prozent, sondern auch hundert Prozent. Ich gebe alles dafür, dass Gott Früchte in meinem Leben wachsen lässt. Es ist klar, dass ich Früchte nicht herstellen kann. Aber geeignete Wachstumsbedingungen für Früchte schon. Ich kann mich und mein Leben auf Früchte einstellen. Wie kann ich das wirksam tun und trotzdem immer auf Gottes Kraft angewiesen bleiben?

Erfolgreich etwas tun bedeutet, es nicht nur gelegentlich tun, sondern konsequent, die ganze Zeit. Wer etwas erreicht, schafft das, weil er es nicht nur manchmal, sondern regelmäßig vorantreibt. Regelmäßig bedeutet gewohnheitsmäßig. Meine Gewohnheiten sind jedoch zwiespältig. Sie können gut sein und mich erbauen, sie können aber auch schlecht sein und mich runterziehen. Ich beobachte an mir: Ich werde das, was ich oft tue. Und trotz der Souveränität Gottes ereignet sich Großes in meinem Leben meistens nicht von allein, sondern nur, wenn ich es zu einer Priorität gemacht habe. Fit bin ich nur, wenn ich regelmäßig trainiere. Meine guten Absichten bringen noch keinen guten Erfolg, denn nicht sie bestimmen die Richtung, sondern meine Taten. Meine Ziele bestimmen noch nicht, dass ich sie auch erreiche. Trotz der Wirkmächtigkeit Gottes sind meine Ergebnisse abhängig von meinen Kapazitäten. Ein Flugzeug fliegt nur so weit, wie der Treibstoff reicht. Und die Treibstoffmenge ist abhängig von der Größe der Tanks. Leider steige ich jetzt aber nicht einfach auf zum Level meiner Ziele, sondern ich sinke viel eher hinunter auf das Niveau meiner begrenzten

Kapazitäten. Das bedeutet: Wenn ich bei meiner Lebensführung andere Ergebnisse haben möchte, muss ich die Systeme ändern, die zu diesen Ergebnissen geführt haben. Also wenn ich abnehmen will, muss ich meine Ernährung umstellen und mehr Sport betreiben. Dann kommt das Ergebnis von selbst. Wenn ich jedoch weiter tue, was ich immer getan habe, bekomme ich auch das, was ich immer getan habe. Nicht Hoffen verändert mein Leben, sondern Handeln. Die Erfüllung meines Lebenstraumes ist nicht das Ergebnis von einigen wenigen großen, sondern von vielen konsequent durchgehaltenen kleinen Einzelentscheidungen. Und oft führt Unauffälliges, wie zum Beispiel Treue im Kleinen, die nur wenige sehen, zu großen Ergebnissen, die alle schätzen: „Du bist ja kaum wiederzuerkennen!"

Aber aller Anfang ist schwer. Denn von einer Veränderung des Lebens ist nach der Entscheidung dafür oft erst einmal nichts zu sehen. Das Gefühl, es nicht zu schaffen, zu versagen, kann dann den Aufbruch in ein neues Leben bereits im Keim ersticken und die Nachfolge Jesu gleich zu Beginn wieder beenden. Minderwertigkeitsgefühle schaffen dumme Gewohnheiten. Umgekehrt verstärken dumme Gewohnheiten Minderwertigkeitsgefühle. Gott sei Dank stimmt aber auch das Umgekehrte: Ein gesundes Selbstbewusstsein schafft gute Gewohnheiten. Und gute Gewohnheiten verstärken ein gesundes Selbstbewusstsein. Jüngerschaft als Nachfolge Jesu funktioniert nach dem Gesetz von Säen und Ernten. Paulus erinnert daran: *„Irret euch nicht! Gott lässt sich nicht spotten. Denn was der Mensch sät, das wird er ernten. Wer auf sein Fleisch sät, der wird von dem Fleisch das Verderben ernten; wer aber auf den Geist sät, der wird von dem Geist das ewige Leben ernten. Lasst uns aber Gutes tun und nicht müde werden; denn zu seiner Zeit werden wir auch ernten, wenn wir nicht nachlassen"* (Gal 6,7-9). Demnach ernte ich, *was* ich gesät habe. Habe ich zum Beispiel einen Apfelkern gesät, kann ich keine Orangen ernten. Und wenn ich meine Ernte nicht mag, muss ich die Saat austauschen. Ich beginne mit *einem* Lebensbereich. Wenn ich zu viele gleichzeitig bearbeite, ändert sich in keinem etwas. Ermutigend an diesem Bild aus der Landwirtschaft ist ein weiteres Naturgesetz: Ich ernte *mehr*, als ich gesät habe. Denn die Saat vervielfältigt sich laut Jesus dreißigfach, sechzigfach, hundertfach. Aus einem Samen wird ein Baum. Aus einem Baum wird ein Wald. Säen bedeutet exponentielles Wachstum vorbereiten. Ein Lächeln kommt vielfach zurück. Eine kleine weise Entscheidung plus Hartnäckigkeit, plus Zeit, das ist gleich ein Verbindungs-, Potenzierungs-, Vermehrungs-, Verstärkungseffekt. Das ergibt, das macht den großen Unterschied. Klar ist allerdings auch: Ich ernte, *nachdem* ich gesät habe. Säen und ernten finden in unterschiedlichen Jahreszeiten statt. Es ist nicht leicht, auf die Ernte zu warten, wenn noch überhaupt nichts davon zu sehen ist. Und ich kann auf eine Ernte warten, wenn ich das, was ich *am meisten* will, nämlich zur Ehre Gottes leben, über das stelle, wonach es mich *jetzt* gerade verlangt. Also, wenn ich Gott dadurch ehre, dass ich jetzt nicht aufgebe, das Gute zu tun, dann ist das Gute vielleicht nicht sofort erkennbar. Es wird aber, wenn ich treu bleibe, eines Tages wirklich als Frucht in meinem Leben gereift sein. Das Zwischenergebnis mag im Hinblick auf die Menge der Saat mager sein, das Endergebnis ist dafür umso ertragreicher. Durch diesen Prozess und die Zeit, die er benötigt, soll ich charakterfest und innerlich stabil werden, *„damit wir nicht mehr unmündig seien und uns von jedem Wind einer Lehre bewegen und umhertreiben lassen" (Eph 4,14).* Gott stellt dazu den Glauben seiner ‚Prüflinge' auf die Probe. Sie sollten also erst gar nicht erwarten, dass ihr Leben problemlos verläuft, denn dann würden sie eine Tugend wie Durchhaltevermögen nie lernen. Jakobus, der Bruder von Jesus, hilft, eigene

Herausforderungen richtig zu beurteilen: *„Meine Brüder und Schwestern, nehmt es als Grund zur reinsten Freude, wenn ihr in vielfältiger Weise auf die Probe gestellt werdet. Denn ihr wisst: Wenn euer Glaube erprobt wird, führt euch das zur Standhaftigkeit; die Standhaftigkeit aber soll zum Tun des Rechten und Guten führen" (Jak 1,3+4 GNB).*

Der Glaube aller Großen in der Bibel wurde Belastungsproben ausgesetzt: Der Glaube von Noah durch eine neue Aufgabe, bei der er seine Welt von ihrer Lebensgefahr überzeugen sollte, ohne zu wissen, *womit.* Der Glaube von Abraham durch eine große Veränderung, bei der er Gott führen lassen sollte, ohne zu wissen, *wohin.* Auch durch einen schweren Verlust, als er seinen Sohn Isaak opfern sollte, ohne zu wissen, *warum.* Der Glaube von Hiob durch unerträgliches Leid, in dem er sich allein gelassen fühlen sollte, ohne zu wissen, *wie lange.* Der Glaube mancher Propheten durch eine ausgebliebene Verheißung, die sie Gott timen lassen sollten, ohne zu wissen, *wann.* Der Glaube von Maria, der Mutter Jesu, durch ein kompliziertes Problem mit ihrer Zukunft, das sie Gott lösen lassen sollte, ohne zu wissen, *wie.* Schließlich selbst der Glaube von Jesus am Kreuz durch Todesangst, in der er sich von seinem Vater verlassen und getrennt fühlen sollte, ohne zu wissen, *wodurch.* Angewiesen auf Gott wie Jesus: „Mir nach!"

**Fragen zum Nachdenken und zum Gespräch:**

Was ist meine aktuelle Position Christus gegenüber?

Ist Frömmigkeit die Fähigkeit, die Abhängigkeit von Gott als Glück zu bezeichnen?

Wo sind die ‚Baustellen' in meinem Glaubensleben?

# 3.

## Sich selbst organisieren - wie Jesus

Kontrolliert bekommen:
Gefühle
Gedanken
Geld

3 G

Wer Jesus nachfolgt, ist herausgefordert, nicht für sich selbst zu leben, sondern für ihn. Das erfordert auch Selbstdisziplin und Selbstorganisation. Aber auch dafür ist Jesus wieder das Maß. Er war nie chaotisch und ist nie unkontrolliert aus der Haut gefahren, sondern hatte sich und seine Sachen und Angelegenheiten immer im Griff. Diese Selbstorganisation umfasst für seine Anhängerschaft die ständige Aufgabe, mit den eigenen Ressourcen ordentlich umzugehen und hauszuhalten. Wie finden Jesu ‚Firmlinge' die richtige Einstellung zu drei großen ‚G'? Das sind in diesem Kapitel die Gefühle, die Gedanken und das Geld. Dieses Dreieck bildet das Herzstück der Jüngerschaft. An ihnen entscheidet sich, ob Jüngerschaft nicht nur losgeht, sondern ob sie auch weitergeht und nachhaltig wird. Über das in Herz und Kopf ‚Eingemachte' hinaus ist dann auch exemplarisch für die sensible Beziehung zu allem materiellen Besitz vom ‚schnöden Mammon' zu sprechen. Ich muss meine Gefühle, Gedanken und meine Ausgaben kontrolliert bekommen.

**Gefühle**

Wie funktioniert ‚Dealing the feeling'? Wie gehe ich mit meinen Gefühlen um, vor allem wenn sie sich als Launen zeigen? Ich habe nicht immer Lust, Jesus konkret und praktisch nachzufolgen. Im Prinzip bin ich bereit zur Jüngerschaft, aber dann gibt es Umgebungen, in denen ich sie sogar vergesse. Manchmal fällt es mir leicht, mich an Jesus zu orientieren. Aber immer wieder erscheint es mir auch kompliziert und mühsam. Es ist jedenfalls einfacher, sich von seinen Launen treiben zu lassen, als sich zu überwinden und gegen das eigene Lustgefühl sich für das zu entscheiden, was Jesus vorgibt. Daraus folgt jetzt aber keine negative Bewertung der Gefühle. Im Gegenteil. Zur Beziehung zu Gott und überhaupt zum Menschsein gehören die Gefühle ausdrücklich mit dazu: *„Und du sollst den Herrn, deinen Gott, lieben von ganzem Herzen, von ganzer Seele, von ganzem Gemüt und von allen deinen Kräften" (Mk 12,30).* Das ist ein Wort voller Emotionen. Weil Gott mit mir eine ganzheitliche Beziehung eingehen will, soll ich Jesus nicht nur gedanklich mit dem Kopf, sondern auch leidenschaftlich von ganzem Herzen nachfolgen. Meine Fähigkeit zu fühlen, ist eine gute Gabe Gottes. Und selbst die negativen Gefühle haben ihren Sinn. Gefühle machen menschlich. Ich bin eben kein Roboter oder Automat. Und auch Gott hat Gefühle. Er kann sich freuen, aber auch frustriert sein. Er empfindet Mitleid, aber auch Zorn. Gott ist auch der Schöpfer der Gefühlswelt. Wenn Gott kein emotionaler Gott wäre, gäbe es überhaupt keine Gefühle. Wenn Gott nicht die Liebe wäre, gäbe es auch unter den Menschen keine Liebe.

Zwei Extreme sind zu vermeiden: Zunächst der *Emotionalismus*. Darunter versteht man: Es zählen nur noch die Gefühle, egal was jemand denkt oder weiß. Hauptsache man fühlt sich gut. Und wenn man sich bei etwas gut fühlt, dann darf man es auch machen. Aber wenn allein die Emotionen das Handeln bestimmen, dann kontrollieren sie es auch und bringen es durcheinander. Das andere Extrem ist der *Stoizismus*.[3] Man verharrt in stoischer Ruhe, bleibt völlig ungerührt, denn die Gefühle bedeuten sowieso nichts. Sie gehören nicht zum Leben. Nur Verstand und Wille zählen. Das Wort ,Gefühl' kommt in der Bibel ja auch gar nicht vor. Allerdings gebraucht sie als Synonym dafür häufig das Wort ,Herz' mit der Bedeutung Neigung und Verlangen. So wie in der Bibel der Sinn den Intellekt repräsentiert, so steht das Herz für das Gefühl. Gott ist Überlegung *und* Erfahrung wichtig. Und nicht nur emotional unterkühlten Gläubigen sei zum besseren Verständnis der Gefühlswelt die Lesung der

---

[3] Von Stoa, einer Strömung der griechischen Philosophie ca. 300 v. Chr. begründet von Zenon aus Kition

alttestamentlichen Psalmen empfohlen, die praktisch jedes positive und negative menschliche Gefühl zur Sprache bringen. Offenbar dürfen alle Gefühle bei Gott sein. Aber sie benötigen ein Management. Der Grund dafür ist, dass Gefühle schwanken. Vor allem in Form von Lüsten, Launen und Stimmungen können sie verleiten und in die Irre führen. Etwas erscheint einem richtig und ist trotzdem nicht in Ordnung. Manchmal sollte man nicht nur nicht glauben, was man denkt, sondern auch nicht glauben, was man empfindet. Denn wenn alle Gefühle immer berechtigt sind und nicht kontrolliert werden, dirigieren und manipulieren sie einen. Darum zielt Werbung immer auf die Emotionen der Kunden ab. Denn ist erst einmal das emotionale Interesse geweckt, verkauft sich ein Produkt um so leichter. Aber nicht nur von außen werden Gefühle manipuliert, sondern auch von innen, von der eigenen alten, egozentrischen, widergöttlichen Natur. Emotionale Verletzungen aus der Vergangenheit brechen plötzlich auf. Und dem dann nicht hilflos ausgeliefert zu sein, erfordert, richtig damit umgehen zu können.

Als Jünger Jesu will ich zuerst Gott gefallen. Darum werde ich ihm meine schwierigen Gefühle *benennen*, aber nicht wage, sondern konkret. Ich kann nämlich nur ändern und in den Griff bekommen, was ich vorher identifiziert habe. Wenn ich nicht weiß, was das Problem ist, kann ich auch nicht daran arbeiten. Und weil ich mich bei meinen Gefühlen nicht so gut auskenne, wie ich meine, frage ich mich: Was fühle ich wirklich? Mit dieser Frage komme ich unter die Oberfläche. Denn nicht mein Gefühl ist das Problem, sondern das, was mein Gefühl hervorgerufen hat. Ich untersuche also: Was hat meine Gefühle ausgelöst? Und wenn ich darüber reden kann, beginne ich, mich selbst besser zu verstehen. Aber wenn bestimmte Gefühle mein nicht besprochenes Geheimnis bleiben, habe ich wirklich ein Problem, womöglich sogar eines außer Kontrolle, und eines, das am

Ende mein Körper ausbaden muss. Zum Management der Gefühle gehört also auch, sie zu *hinterfragen*. David tut das, wenn er betet: *"Prüfe mich, Herr, und erprobe mich, erforsche meine Nieren und mein Herz" (Ps 26,2)!* Damit prüft er den wahren Grund seiner Empfindungen. Er klärt ihre Berechtigung und unterscheidet, was davon hilfreich, und was hinderlich ist. Und ja, Gefühle lassen sich auch ändern. Manche sind sogar so destruktiv, dass es so mit ihnen nicht weitergehen kann. Groll zum Beispiel, in dem man meint, Böses, statt es zu vergeben, nachtragen zu müssen, und an dessen Last man dann selbst zerbricht. Besser ich frage: Wie würde Jesus in dieser Situation empfinden? Und warum mache ich es mir selbst so schwer? Wirklich kaum veränderbare negative Gefühle können zeitweise wenigstens *kanalisiert*, das heißt, für etwas Gutes oder zum Vorteil anderer eingesetzt werden. Zum Beispiel kann sich Wut und Jähzorn in einen positiven heiligen Zorn auf Ungerechtigkeit *verwandeln*. Manchmal hilft allerdings nur noch die Bitte an Gott, einfach still sein zu können, denn: *"Wer seine Zunge hütet, bewahrt sein Leben; wer aber mit seinem Maul herausfährt, über den kommt Verderben" (Spr 13,3).*

**Gedanken**

Zum Umgang mit den Gefühlen gehört das Handling der Gedanken. Auch die benötigen ein Management. Der Grund dafür ist die menschliche Neigung, eher negativ als positiv, eher besorgt als beruhigt, eher weltlich als göttlich zu denken. Für Paulus ist das Ziel und die Methode eines Handlings der Gedanken: *"Stellt euch nicht dieser Welt gleich, sondern ändert euch durch Erneuerung eures Sinnes, damit ihr prüfen könnt, was Gottes Wille ist, nämlich das Gute und Wohlgefällige und Vollkommene" (Röm 12,2).* Gott ist offenbar mehr daran interessiert, meinen Sinn zu ändern als meine

Lebensumstände. Mir ist wichtig, was *mit* mir geschieht, dass sich vor allem schwierige Lebenslagen verbessern. Gott gebraucht sie, weil ihm wichtig ist, was *in* mir geschieht. Für Paulus gibt es keine Lebensveränderung ohne Sinnesänderung. Warum benötigt die eigene Gedankenwelt Aufmerksamkeit? Weil die Gedanken das Leben bestimmen. Ich entwickle mich immer in die Richtung meiner stärksten Gedanken. Wenn ich denke, ich kann etwas nicht, werde ich es oft auch wirklich nicht können. Darum: *„Mehr als auf alles andere achte auf deine Gedanken, denn sie entscheiden über dein Leben" (Spr 4,23 GNB).*

Und ich muss auf mein Denken aufpassen, weil es ein Kampffeld von Gut und Böse ist. Da wird entschieden, was gewinnt. Jede Versuchung beginnt im Kopf. Sie kommt nicht von außen, sondern von innen. Ohne Anhalt im Denken und Empfinden gibt es keine Versuchung. Das bedeutet aber auch, dass meine Gedanken nicht nur Einfallstore, sondern auch Schlüssel sind für die Überwindung von Versuchungen. Die eigenen Gedanken managen bedeutet darum, das Leben managen. Zwar kann mir niemand, auch der Teufel nicht, seine Gedanken einfach aufzwingen, trotzdem habe ich auf mich selbst acht zu geben, meinen Sinn zu klären und ihn mit der Wahrheit von Gottes Wort zu ‚füttern'. (*Joh 8,32*). Das schaltet mich um und richtet meine Gedanken auf Positives: *„Was wahrhaftig ist, was ehrbar, was gerecht, was rein, was liebenswert, was einen guten Ruf hat, sei es eine Tugend, sei es ein Lob - darauf seid bedacht" (Phil 4,8).* Die alte widergöttliche Natur in mir, der Teufel gegen mich und das Wertesystem der Welt um mich herum widersetzen sich dem zwar heftig. Viele dunkle Gedanken und Vorschläge können mich beschleichen: Statt optimistisch in Schwierigkeiten Gelegenheiten zu erkennen, sehe ich pessimistisch in Gelegenheiten nur Schwierigkeiten. Aber schon Martin Luther soll gesagt haben: Ich kann nicht verhindern, dass Vögel um meinen Kopf schwirren, aber ich kann verhindern, dass sie dort Nester bauen oder mir ihr ‚Geschäft' auf den Kopf fallen lassen. Paulus erklärt es mit einem Bild aus dem Militär: *„Denn obwohl wir im Fleisch leben, kämpfen wir doch nicht auf fleischliche Weise. Denn die Waffen unsres Kampfes sind nicht fleischlich, sondern mächtig im Dienste Gottes, Festungen zu zerstören. Wir zerstören damit Gedanken und alles Hohe, das sich erhebt gegen die Erkenntnis Gottes, und nehmen gefangen alles Denken in den Gehorsam gegen Christus" (2 Kor 10,3-5)*. Festungen' das sind für den Apostel die Lügen, die ich, irregeführt vom Teufel, dem *„Vater der Lüge,"* (*Joh.* 8,44) nur allzu gern glaube. Zum Beispiel: ‚Das muss jeder für sich selbst entscheiden. Man weiß selbst am besten, was gut ist.' Die Festungen solcher Lügen kontrolliere, enttarne und überwinde ich, wenn ich sie im Gebet unter die Herrschaft Christi stelle. Dann wird mein Sinn besonnen und befreit.

Dabei ist es eine Hilfe, zu verstehen, wie eine Versuchung abläuft: *„Ein jeder, der versucht wird, wird von seiner eigenen Begierde gereizt und gelockt" (Jak 1,14)*. Eine Versuchung ist kein punktuelles Ereignis, sondern ein Prozess. Darum kann ich mich auch nicht entschuldigen: ‚Es kam eben über mich'. Versuchung beginnt immer mit einem Wunsch. Das innere Verlangen ist der Anknüpfungspunkt für eine Versuchung. Oft ist der Wunsch sogar berechtigt. Er wird nur völlig überbetont dadurch, dass er jetzt sofort erfüllt werden muss. Das Verlangen staut sich auf und gerät außer Kontrolle. Zusätzlich genährt wird es durch Zweifel an Gott. Ich glaube auf einmal nicht mehr, dass Gott am besten weiß, was gut für mich ist. Ich frage wie die Schlange im Paradies: *„Ja, sollte Gott gesagt haben?" (1 Mose 3,1)* und stelle dabei nicht nur das Wort, sondern auch die Güte Gottes in Frage. Plötzlich steht im Raum, dass Gott mir etwas nicht gönnt, sondern mir vorenthält, worauf ich aber meine, gerade jetzt Anspruch zu haben. Damit ist es dem Widersacher Gottes gelungen, Gottes Wahrheit durch seine Lüge zu ersetzen. Gleichzeitig flirte ich immer heftiger mit dem Objekt der Begierde, bis ich dem Köder erliege und ihn mir genehmige, allerdings getäuscht und verführt, weil der Köder meistens besser aussieht, als er in Wirklichkeit ist. ‚Follower' von Jesus stellen sich rechtzeitig auf diese Gefahr ein. Denn es gibt zwar die Freiheit der Entscheidungen, aber nicht zwangsläufig Freiheit bei den Konsequenzen dieser Entscheidungen. Und die beste Zeit, eine Versuchung zu bestehen, ist, bevor sie einsetzt: Ich lenke meinen Sinn rechtzeitig in drei Richtungen: ‚Aufsichtig' auf Christus, *„den Anfänger und Vollender des Glaubens" (Hebr 12,2)*. *„Halt im Gedächtnis Jesus Christus" (2 Tim 2,8)*. Umsichtig auf den bedürftigen Nächsten: *„Und ein jeder sehe nicht auf das Seine, sondern auch auf das, was dem andern dient." (Phil 2,4)* und weitsichtig auf die Ewigkeit: *„Richtet also eure Gedanken nach oben und nicht auf die irdischen Dinge" (Kol 3,2 GNB)!* Das lenkt mich ab und ich erkenne, dass es nicht nur mich gibt, und dass es mehr gibt als das Leben hier und jetzt.

**Geld**

Was zum Umgang eines Christen mit seinen Gefühlen und Gedanken gesagt wurde, soll jetzt noch verdeutlicht und konkretisiert werden am Beispiel einer Ressource, von der es heißt, dass man nicht darüber spricht: Geld. Kaum etwas sonst ist emotional und mental so herausfordernd wie Geld, sowohl das, das man hat, als auch das, das man nicht hat. Immerhin hat Jesus mehr zu diesem heiklen Thema gesagt als zu Himmel und Hölle. Die Finanzen sind ein Testfall für die Jüngerschaft. Und mit dem Geld ist es komisch: Viele kaufen mit Geld, das sie nicht haben, Dinge, die sie nicht brauchen, um Leuten zu imponieren, die sie nicht mögen. Auch wandert die Reichtumsgrenze immer von einem weg. Niemand hält sich selbst für reich. Reich sind immer nur andere. Das Geld ist nur scheinbar ein Schelm, der verschwindet und einfach geht, ohne zu sagen wohin. Denn es steht genau genommen unter der vollständigen Kontrolle seiner Verwalter. Geld will nichts, sagt nichts und tut nichts von allein. Geld tut immer das, was seine Verwalter sagen. Es bleibt, wenn es soll, und es geht, wann und wohin es soll. Geld ist brav, denn es verhält sich immer richtig. Es gehorcht bei einem Dauerauftrag der Überweisung sogar im Voraus.

Und das ist jetzt die gute Nachricht: Ich bin reich! Denn ab 30.000 Euro Bruttogehalt im Jahr gehört man zu einer kleinen Minderheit der Weltbevölkerung, ab einem Einkommen von 80.000 Euro zu dem halben Prozent der Topverdiener dieser Erde. Und wieviele davon besitzen nicht nur ein Haus, sondern in der Garage auch noch eines für ihr Auto? Das ist für die Obdachlosen unserer Welt unfassbar! Aber was ist nach der guten die schlechte Nachricht?

Ich bin reich! Warum ist das eine gute und gleichzeitig keine gute Nachricht? Geld ist einer der attraktivsten Götzen, also etwas, das schnell an einer Stelle steht, wo es nicht hingehört, nämlich über Gott. Das Neue Testament erzählt die Geschichte eines reichen, jungen Mannes, den sein Reichtum von der Nachfolge Jesu abgehalten hat: *„Und Jesus sah ihn an und gewann ihn lieb und sprach zu ihm: Eines fehlt dir. Geh hin, verkaufe alles, was du hast, und gib's den Armen, so wirst du einen Schatz im Himmel haben, und komm und folge mir nach! Er aber wurde unmutig über das Wort und ging traurig davon; denn er hatte viele Güter. Und Jesus sah um sich und sprach zu seinen Jüngern: Wie schwer werden die Reichen in das Reich Gottes kommen! Die Jünger aber entsetzten sich über seine Worte. Aber Jesus antwortete* *wiederum und sprach zu ihnen: Liebe Kinder, wie schwer ist's, ins Reich Gottes zu kommen! Es ist leichter, dass ein Kamel durch ein Nadelöhr gehe, als dass ein Reicher ins Reich Gottes komme"* (Mk 10,21-25). Das ist ein Schock für die Reichen, aber guter Grund für die ‚Zöglinge' von Jesus, über ihr Verhältnis zum Besitz nachzudenken.

Die Gefahren werden überall erfahren: Wer auf Geld vertraut, hat nie genug davon. Wer auf Geld vertraut, wird sein Knecht. Darum hat Jesus in seiner Bergpredigt gesagt: *„Niemand kann zwei Herren dienen"* (Mt 6,24). Für ‚Zöglinge' von Jesus ist diese Einsicht von besonderer Bedeutung: Wer auf Geld vertraut, tut sich schwer, von Gott abhängig zu sein. Ich weiß natürlich, dass ich nicht auf etwas vertrauen sollte, was ich verlieren kann. Warum erwarte ich trotzdem von meinem Besitz, wenn auch nicht Erfüllung, so doch immer wieder Beruhigung und Absicherung? Und nicht das Geld verspricht es mir, sondern ich verspreche mir von ihm oft genau das, wofür eigentlich nur Gott sorgen kann. Das meiste, was man sich von Geld verspricht, kann es nicht geben. Im Gegenteil: Wer auf Geld vertraut, wird abgelenkt von den Prioritäten des Lebens, zum Beispiel Verantwortung zu übernehmen und großzügig zu geben. Der selbst steinreiche König Salomo warnt vor der Flüchtigkeit allen Besitzes: *„Du richtest deine Augen auf Reichtum und er ist nicht mehr da; denn er macht sich Flügel wie ein Adler und fliegt gen Himmel"* (Spr 23,5). Und er rät darum: *„Besser wenig mit der Furcht des Herrn als ein großer Schatz, bei dem Unruhe ist"* (Spr 15,16).

‚Lehrlinge' von Jesus haben von ihrer Grundausrichtung her eine spezielle Beziehung zum Geld. Ihnen ist bewusst, das alles Geld eigentlich Gott gehört. Mein Geld ist mir von ihm nur geliehen. Gott testet mich mit meinem Besitz. Bevor er geistlichen Segen schenkt, prüft er mit materiellem Segen, wie ich damit umgehe, und ob ich ein guter Haushalter bin.

Meine Ausgaben zeigen meine Prioritäten. Jesus sagt: *„Denn wo dein Schatz ist, da ist auch dein Herz"* *(Mt 6, 21)*. Worauf ich wirklich vertraue, klärt die Antwort auf die Frage: Wofür habe ich auch dann noch Zeit und Geld, wenn beides knapp ist? Meine Ausgaben zeigen aber auch, ob Gott mir vertrauen kann: *„Wer im Geringsten treu ist, der ist auch im Großen treu; und wer im Geringsten ungerecht ist, der ist auch im Großen ungerecht. Wenn ihr nun mit dem ungerechten Mammon nicht treu seid, wer wird euch das wahre Gut anvertrauen"* *(Lk 16,10+11)?* Mein Umgang mit Geldsegen hat etwas zu tun mit dem Fortgang von Gottes Segen. Wenn ich treu bin im Kleinen, kann er mir Großes anvertrauen. Geld ist ein Werkzeug zum Einsatz für Gottes Zwecke. Geld ist nicht die Wurzel allen Übels. Das ist die Geld*gier (1 Tim 6,10).* Geld an sich ist weder schlecht noch gut. Es kann Schlechtes und Gutes bewirken. Aber Gott hat einen Plan, wie ‚Begünstigte' von Jesus ihr Geld verwalten sollen. Dieser Plan setzt die Bekehrung des Herzens voraus, benötigt manchmal aber auch noch eine zweite, eine des Geldbeutels, damit Zeit und Zukunft rausspringt und Menschen für Gott gewonnen werden, was überhaupt die beste Geldanlage ist. Ich weiß, dass ich vor Gott einmal Rechenschaft ablegen muss.

Darum überlege ich mir folgenden Haushalt und schreibe in den Kreis einer Uhr mein aktuelles Budget: Auf zwölf Uhr lege ich alle meine monatlichen Einkünfte. Die betrachte ich nicht als selbstverständlich, sondern als Gabe Gottes. Davon lege ich auf drei Uhr den Anteil für Gott gemäß: *„Ehre den Herrn mit deinem Gut und mit den Erstlingen all deines Einkommens, so werden deine Scheunen voll werden"* *(Spr 3, 9+10).* Auf sechs Uhr kommt der Betrag für die Vorsorge, die entweder selbst oder von anderen bezahlt wird und angelegt wird nach dem Vorbild: *„Geh hin zur Ameise ... sieh an ihr Tun und lerne von ihr ... Sie bereitet ihr Brot im Sommer* *und sammelt ihre Speise" (für den Winter Spr 6,8).* Da bin ich also nicht Verbraucher, sondern Sparer. Auf neun Uhr kommen schließlich die Ausgaben für meinen Lebensunterhalt. Und da darf ich ohne schlechtes Gewissen dankbar genießen und mit Paulus bezeugen: *„Denn ich habe gelernt, mir genügen zu lassen, wie's mir auch geht. Ich kann niedrig sein und kann hoch sein; mir ist alles und jedes vertraut; beides; satt sein und hungern, beides, Überfluss haben und Mangel leiden" (Phil 4,11+12).*

Wichtig ist dabei nur, die Summen im Uhrzeigersinn zu verteilen. Mit dem Lebensunterhalt zu beginnen, ist die falsche Richtung, denn dann fressen die Haushaltskosten alles andere auf. ‚Begünstigte' von Jesus dienen nicht dem Geld. Das Geld dient ihnen, so wie sie Jesus dienen. Und ein guter Kauf ist für sie, was sie mit anderen teilen können. Sich selbst organisieren wie Jesus: „Mir nach!"

**Fragen zum Nachdenken und zum Gespräch:**

Welche Ressourcen sind bei mir knapp?

Wie kann ich mich selbst besser organisieren?

Womit werde ich wie besser haushalten?

# 4.

## Sich konzentrieren - wie Jesus

Fokussiert vorwärts kommen:
Zeit einteilen
Ziele setzen
Motivation erhalten

Scharf stellen

Jüngerschaft ist Haushalterschaft. Christusbestimmte lernen von Christus, mit ihrem Potenzial umzugehen und mit ihren Gefühlen, ihren Gedanken und auch mit ihrem Geld hauszuhalten. Zu ihren Ressourcen gehören aber drei weitere wertvolle Gaben, die miteinander zusammenhängen: Zeit, Ziele und Motivation. Jesus selbst hatte immer Zeit, klare Ziele und war stets motiviert. Seine ,Crew' eifert ihm nach. Sie will fokussiert vorwärts kommen.

## Zeit einteilen

Es ist eine hohe Kunst, die einem zur Verfügung stehende Zeit richtig einzuteilen. Aber auch bei ihrem Management lohnt sich die Orientierung an Jesus. Soweit wir das überhaupt wissen können, hat er nie gesagt: Ich habe keine Zeit. Dabei war auch er, wie man sich auch ohne Bibelzitat denken kann, von morgens bis abends beschäftigt, wurde gefordert, gestört, unterbrochen, missverstanden, kritisiert, mit Ansprüchen und Tratsch konfrontiert. Er ist aber unter diesem Druck nicht zusammengebrochen. Jesus war auffällig cool, nie in Eile, nie im Stress, nie nervös, nie hektisch. Er konnte eine Menge Druck aushalten, weil er einen tiefen Frieden hatte. Heutzutage gehört es fast schon zum guten Ton, keine Zeit zu haben. Denn das macht Eindruck. Es verleiht Bedeutung. Dabei stimmt es nicht. Denn jeder Mensch bekommt jeden Tag seines Lebens gleich viel, nämlich 1.440 Minuten, das sind 86.400 Sekunden, auf das eigene Zeitkonto gutgeschrieben! Deshalb sollte niemand sagen: Ich habe keine Zeit, sondern ehrlicher und richtiger: Ich habe keine gute Zeiteinteilung. Und deshalb habe ich Stress. Und das ist dann nicht der produktive, der anspornt, sondern der destruktive, der kaputt macht. Ich habe eine Menge technischer Zeitsparerrungenschaften, aber ich nehme mir nicht die Zeit, mir ihre Gebrauchsanweisungen durchzulesen. Was treibt mich eigentlich immer so, dass ich zum Beispiel bei einem Fahrstuhl, wenn er nicht gleich kommt, ungeduldig weiter drücke, wie wenn er dann schneller käme. Oder dass ich mich im Supermarkt ärgere, wenn ich an der falschen Kasse anstehe, weil es an der nebenan schneller gegangen wäre. Ich hupe, wenn der Vordermann bei Grün an der Ampel nicht sofort losfährt. Ich konsumiere Instantkaffee, Minutenreis und Fast Food aus der Mikrowelle oder beim ‚Drive in' alles gleichzeitig während der Fahrt. Ich nehme unüberlegt Anfragen an aus Angst, etwas zu verpassen. Manchmal komme ich mir vor, wie der Jongleur im Zirkus, der an viel zu vielen mit Tellern beladenen Stäben gleichzeitig drehen muss, damit sie nicht herunterfallen. Im Endeffekt habe ich keine Zeit, weil ich keine Ewigkeit habe.

Was kann ich als ‚Firmling' von ihm für mein Zeitmanagement lernen? Es gibt vier Stressbusters, die ich von ihm übernehmen darf: Der erste klärt meine Identität: Ich muss wie Jesus wissen, wer ich bin. Gute Zeiteinteilung hat auch etwas zu tun mit meinem Selbstbewusstsein. Jesus war klar: *„Ich weiß, woher ich gekommen bin, und wohin ich gehe"* *(Joh 8,14)*. Wenn ich nicht weiß, wer ich bin, bin ich manipulierbar, und andere sagen mir, was sie denken, dass ich bin. Prompt fühle ich mich verkannt, werde unsicher, passe mich an, trage Masken und führe vielleicht sogar ein Doppelleben. Zur inneren Balance finde ich, wenn ich weiß, wer ich bin, oder besser, wessen ich bin, also wem ich gehöre. Ich rufe mir ins Gedächtnis, dass ich in jedem Fall Gottes geliebtes Kind bin, an das er gedacht, das er geplant, gewollt und schon immer geliebt hat, das er gebrauchen möchte für seine Absichten, und das deshalb etwas ganz Besonderes ist. Wann bin ich bei mir? Gerade nicht, wenn ich in mich gehe. Wo finde ich mich? Gerade nicht bei mir selbst, sondern wenn ich aus mir herausgehe und mich an Jesus als sein ‚Konfirmand' anhänge und festmache.

Der zweite Stressbuster klärt meine Motivation: Ich muss wie Jesus wissen, wem ich es recht machen will. Jesus drückte es so aus: *„Ich suche nicht meinen Willen, sondern den Willen dessen, der mich gesandt hat" (Joh 5,30).* Niemand kann es allen recht machen. Darum sollte es auch niemand versuchen. Gott gefallen wollen hingegen vereinfacht das Leben. Ich muss nicht zerbrechen unter der Kritik anderer und unter dem, was sie von mir denken.

Der dritte Stressbuster klärt meine Priorität: Ich muss wie Jesus wissen, was jetzt gerade dran ist. Er ließ sich nicht verrückt machen: *„Das Volk suchte Jesus, und sie kamen zu ihm und wollten ihn festhalten, damit er nicht von ihnen ginge. Jesus aber sprach zu ihnen: Ich muss auch den anderen Städten das Evangelium predigen vom Reich Gottes, denn dazu bin ich gesandt" (Lk 4,42+43).* Jesus ließ sich nicht ablenken und zerstreuen. Er machte nicht Mehreres gleichzeitig. Wer nämlich zwei Hasen gleichzeitig jagt, fängt überhaupt keinen. Zerstreuung macht ineffektiv, Konzentration führt zu Ergebnissen. Deshalb kann das gebündelte Licht eines Laserstrahls sogar Metall schneiden, aber diffuses Licht streut und verliert sich.

Wie kann ich wissen, was jetzt gerade dran ist? Wenn ich mir genug Zeit nehme, um mit Gott darüber zu sprechen, am besten bevor die Hektik des Tages einsetzt. Auch Jesus hat die Säge seines Dienstes vor ihrem Einsatz geschärft und sich täglich auf seinen Auftritt sowie seinen Auftrag eingestellt: *„Und am Morgen, noch vor Tage, stand Jesus auf und ging hinaus. Und er ging an eine einsame Stätte und betete dort" (Mk 1,35).* Aber was für Jesus gut war, sollte für seine ‚Lehrlinge' billig sein. Sie haben großen Bedarf an Besprechungen mit ihrem Meister, aber auch uneingeschränkten Zugang zu ihm. Und viel zu tun zu haben, ist keine gute Ausrede für den Entfall der stillen Zeit, sondern guter Grund, sie beizubehalten. Je beschäftigter, desto bedürftiger, innezuhalten. Aus der Besinnung heraus gehe ich anders, ruhiger und besonnener durch den Tag. Und dann in ständigem Gebetskontakt mit Gott zu bleiben, dekomprimiert den Druck des Alltags. Als Bitte überwindet das Gebet den Abstand zu Gott. Als Fürbitte überrascht es die, die dranbleiben. Als Dank verbindet es mit den unbegrenzten Möglichkeiten des himmlischen Vaters. Und als Anbetung macht es Gott herzliche Komplimente und euphorisiert so die Beziehung zu ihm. Im Gebet lasse ich die Ewigkeit in mein Leben hineinragen. Und ich beginne jede Woche und feiere in einem für die work-life-balance von höchster Stelle vorgegebenen Rhythmus den Tag voller Aufhörens um Gottes willen und des Anhörens von Gottes Willen, den Sonntag. Der anschließende Alltag lässt sich dann ganz praktisch nach dem sogenannten ‚Eisenhower-Fenster' ordnen und einteilen. Der amerikanische Präsident (1890-1969) setzte seine Prioritäten mit Hilfe der beiden Achsen Dringlichkeit und Wichtigkeit. Er unterschied also grundsätzlich Wichtiges von zum Beispiel aus terminlichen Gründen Dringendem. Er bildete mit seinen Arbeiten wie bei einem geviertelten Fenster vier Stapel: Den ersten Stapel für Arbeiten, die weder wichtig noch dringend sind. Die können getrost zurückgestellt werden. Den zweiten Stapel für Aufgaben, die wichtig und dringend sind. Die sind sofort persönlich zu erledigen und zwar in der Reihenfolge: Die großen Brocken zuerst. Dazwischen liegen die Stapel für Termine, die nicht wichtig aber dringend sind. Sie könnten gut delegiert werden. Und dann bleiben noch die Pflichten, die wichtig, aber nicht dringend sind. Deren Abarbeitung ist selbst zu übernehmen, aber verträglich verteilt zu terminisieren. Grundlegend für jede gute Zeiteinteilung ist die Einsicht, nie alles machen zu können. Das bedeutet aber, dass ich es auch gar nicht erst versuche, sondern dass ich mir genau überlege, wem und was ich wieviel Zeit widme, welche Gelegenheiten ich wahrnehme, was ich zusage, und wozu ich vielleicht überraschend so nein sage: Gute Idee! Mache ich aber auch nicht! Und die Perfektionisten unter den Jesusleuten seien an die Pareto-Regel 80:20 erinnert: Der italienische Ingenieur, Ökonom und Soziologe Vilfredo Pareto (1848-1923) erkannte: Für die letzten 20 Prozent zur perfekten, hundertprozentigen Erledigung einer Aufgabe werden 80 Prozent der gesamten Kraftanstrengung benötigt. Demnach können umgekehrt bereits mit 20 Prozent Kraftanstrengung 80 Prozent der Aufgabe geschafft werden. Die Zeit einteilen bedeutet konkret: Nicht mehr als sieben Rollen übernehmen! Zum Beispiel als Eheleute und Erziehungsberechtigte, als Sorgepflichtige, als Gutmenschen mit sozialem Engagement, als informierte Interessierte, als Mitglieder beim Sportverein und beim Kirchenchor. Das ist genug. Und Kampf den Zeitfressern im Bereich ‚weder wichtig noch dringend' wie Fernsehen und social media! Störungen und Unterbrechungen reduzieren! Checklisten gegen das Vergessen machen! Stress reduzieren und delegieren statt aufschieben und Stress produzieren! Schriftstücke, wenn möglich, nur einmal in die Hand nehmen! Puffer und Zeitpolster einbauen! Regelmäßig aufräumen und wegwerfen, aber nach dem Motto: Im Zweifelsfall *nicht* behalten!

Der vierte Stressbuster klärt meine Intention: Ich muss wie Jesus wissen, was ich erreichen will. Jesus war sich bewusst: *„Ich lebe davon, dass ich Gottes Willen erfülle und sein Werk zu Ende führe. Dazu hat er mich in diese Welt gesandt" (Joh 4,34 Hoffnung für alle).* Damit ich nicht unter den Druck dessen gerate, was andere für mich für wichtig halten, nehme ich mir vor, nicht wesentlich mehr, sondern mehr Wesentliches zu tun, nicht nur geschäftig, sondern auch produktiv zu sein, nicht nur effizient die Dinge richtig, sondern effektiv die richtigen Dinge zu tun. Sonst gerate ich in den Widerspruch: Ich weiß zwar nicht, was ich will, aber das mit ganzer Kraft! Das leitet über zum nächsten Aspekt der

Konzentration eines ‚Followers' von Jesus. Er konzentriert sich auf seine Jüngerschaft nicht nur bei seiner Zeiteinteilung, sondern auch bei seiner Zielsetzung.

## Ziele setzen

Jesus wusste immer, wo er hin wollte: *„Ich bin vom Vater ausgegangen und in die Welt gekommen; ich verlasse die Welt wieder und gehe zum Vater" (Joh 16,28)*. *„Seht, wir gehen hinauf nach Jerusalem, und es wird alles vollendet werden, was geschrieben ist durch die Propheten von dem Menschensohn" (Lk 18,31)*. Gute Ziele sind der Schlüssel für gutes Timing und große Ausdauer. Ziellosigkeit deprimiert, Zielsetzung motiviert. Und Wünsche sind noch keine Ziele. Alle wünschen sich Glück, Erfolg, Gesundheit und warten dann oft vergeblich darauf. Aber Ziele ziehen an. Sie mobilisieren, auf sie zuzugehen. Wenn ich jedoch nicht weiß, wohin ich will, komme ich auch niemals irgendwo an. Und wenn ich nicht weiß, in welchen Hafen ich segeln möchte, ist für mich kein Wind der richtige. Ziele sind für ‚Follower' von Jesus immer auch Statements ihres Glaubens. Und gute Ziele haben große Vorteile: Sie lenken die Lebensenergie, halten in Bewegung, und bilden den Charakter. Wenn sie sich lohnen, belohnen sie am Ende.
Sich und seinen Anbefohlenen Ziele zu setzen, ist die geistliche Verantwortung aller, die Jesus folgen. Jesus formuliert selbst das größte und weiteste aller Ziele: *„Trachtet zuerst nach dem Reich Gottes und nach seiner Gerechtigkeit" (Mt 6,33)*. Und Paulus hat es sich zu eigen gemacht: *„Ich jage nach dem vorgesteckten Ziel" (Phil 3,14)*. Aber gute Ziele müssen bestimmte Bedingungen erfüllen. Als ‚Follower' von Jesus frage ich: Ehrt dieses Ziel Gott? Dient dieses Ziel seiner Gemeinde? Ist dieses Ziel von der Liebe motiviert? Macht mich dieses Ziel abhängig von Gott?

Gute Ziele sollten außerdem messbar, machbar und überprüfbar sein. Ich könnte etwas für meine Gesundheit tun, ist zwar ein gutes Motto, bringt mich aber nicht ans Ziel. Ich sollte präziser formulieren: Diesen Monat werde ich zwei Kilo abnehmen! Das ist ein gutes Ziel, denn es ist konkret, und vor allem messbar: Zwei Kilo. Aber dadurch, dass ich mir nicht zehn Kilo vorgenommen habe, ist es auch machbar. Und schließlich ist dieses Ziel am Ende des Monats auch überprüfbar. So bleibe ich motiviert. Ich setze mir also auch geistlich keine unerreichbaren Aktions- und Charakterziele, etwa: Ich bin ab nächster Woche ein neuer Mensch. Sondern ich nehme mir Szenarioziele vor, wie das zum Beispiel für den Klimaschutz geschieht. Da werden schlimmste und günstigste Fälle prognostiziert, um variabel handeln zu können. Und schon der Herrenbruder Jakobus rät für eine sinnvolle Zukunftsplanung, die eigenen Lebensumstände und Lebensbedingungen zu bedenken: *„Und nun ihr, die ihr sagt: Heute oder morgen wollen wir in die oder die Stadt gehen und wollen ein Jahr dort zubringen ...Dagegen solltet ihr sagen: Wenn der Herr will, werden wir leben und dies oder das tun" (Jak 4,13+15).*

Meine Tagesordnungen zeigen, wie ernst ich meine Jüngerschaft nehme, und wieviele meiner Lebensbereiche Christus wirklich unterstellt sind. Jüngerschaft ist nicht in erster Linie eine Methode zur Verbesserung meiner Lebensqualität oder eine Hilfe zur Lebensbewältigung, sondern sie ist eine Beanspruchung meines Lebens, die mich ganz fordert. Natürlich darf ich auch mal fehlen. Und rund um die Uhr muss niemand verfügbar sein. Aber manche ‚Follower' von Jesus huschen durch ihre Gemeinde wie Gespenster. Sie glauben im Prinzip schon an Gott, wimmeln ihn jedoch ab mit einem Blockade-Aber. Ihre Liebe zu Christus ist platonisch, geistig, theoretisch. Es fehlt die ‚körperliche' Liebe zu seinem Leib, seiner Gemeinde. Dazu erzählt das Neue Testament von folgenden tragischen Begegnungen: *„Und als sie auf dem Wege waren, sprach einer zu ihm: Ich will dir folgen, wohin du gehst. Und Jesus sprach zu ihm: Die Füchse haben Gruben und die Vögel unter dem Himmel haben Nester; aber der Menschensohn hat nichts, wo er sein Haupt hinlege. Und er sprach zu einem andern: Folge mir nach! Der sprach aber: Herr, erlaube mir, dass ich zuvor hingehe und meinen Vater begrabe. Aber Jesus sprach zu ihm: Lass die Toten ihre Toten begraben; du aber geh hin und verkündige das Reich Gottes! Und ein andrer sprach: Herr, ich will dir nachfolgen; aber erlaube mir zuvor, dass ich Abschied nehme von denen, die in meinem Haus sind. Jesus aber sprach zu ihm: Wer seine Hand an den Pflug legt und sieht zurück, der ist nicht geschickt für das Reich Gottes"* (Lk 9,57-62). Ich habe meine Ziele an Jesu Ziele anzupassen, seine Zumutungen zuzulassen, meine Zerstreuungen sein zu lassen, und auf die Klarheit meiner Richtung aufzupassen. *„Wer sich nicht lossagt von allem, was er hat, der kann nicht mein Jünger sein"* (Lk 14,33). Bin ich auch dann noch motiviert, Jesus zu folgen, wenn ich diese Kosten überschlage?

**Motivation erhalten**

Motivation ist ein Zauberwort. Mit Motivation erscheint alles möglich. Auf Motivation kommt alles an. Das Wort kommt in der Bibel zwar nicht vor, die Sache spielt aber auch für die Jüngerschaft eine große Rolle. Jesus motiviert den Jünger Nathanael: *„Du wirst noch Größeres sehen als das"* (Joh 1,50) und Petrus: *Auf dich den „Felsen will ich meine Gemeinde bauen"* (Mt 16,18) Auch Paulus erweist sich als großer Motivator, wenn er schreibt: *„Gott aber sei Dank, der uns den Sieg gibt durch unsern Herrn Jesus Christus! Darum, meine lieben Brüder, seid fest, unerschütterlich und nehmt immer zu in dem Werk des Herrn, weil ihr* *wisst, dass eure Arbeit nicht vergeblich ist in dem Herrn"* *(1 Kor 15,57+58).* Jesu Mannschaft überwindet und gewinnt. Und das motiviert und begeistert sie. Oft werden Menschen in ihrer Begeisterung von ihrer Umgebung bestimmt. Viel seltener bestimmen sie durch ihre Begeisterung ihre Umgebung. Diese Motivation geht einher mit Enthusiasmus. Motiviert ist, wer ‚en theo‘, griechisch: In Gott, von ihm erfüllt ist. Enthusiasmus ist also nicht nur eine Stimmungslage, sondern das Resultat einer herzlichen Beziehung zu Jesus und der Bereitschaft, für ihn da zu sein. Paulus motiviert: *„Alles, was ihr tut, das tut von Herzen als dem Herrn und nicht den Menschen" (Kol 3,23).* Also nicht nur was ich als Nachfolger tue, macht es bedeutungsvoll, sondern für wen ich es tue. Es ist wie bei einem Trikot, das ich als Sportfan ergattern konnte. Weil mein Idol es getragen hat, ist es etwas ganz Besonderes, das ich jetzt von ihm habe und stolz für ihn tragen werde. Motivation ist nicht ein Produkt der Umstände, sondern eine Frage der Einstellung und der Perspektive: Schaue ich zurück in die Vergangenheit, machen Versäumnisse mich traurig. Schaue ich voraus in die Zukunft, wird mir mulmig. Schaue ich jedoch auf Jesus, werde ich ruhig. Jesus täglich zu ehren, ihm zu vertrauen und den Blick von der Pseudomotivation zeitlicher Belustigung auf seine ewige Berufung zu richten, macht aus etwas Normalem wie zum Beispiel der Lesung eines Bibeltextes das Besondere eines persönlichen Wortes von Gott selbst, durch das er mich jetzt motiviert. Wenn ich hingegen schwarz sehe, jammere, und selbst nur an mein Scheitern glaube, brauche ich mich über die Selbsterfüllung dieser Prophetie nicht zu wundern. Die Depression killt alle Motivation. Wie kann ich wieder stolz das Trikot von Jesus für Jesus tragen und angesichts von so viel Negativem um mich herum trotzdem positiv bleiben? Äußerlichkeiten wie meine Gesundheit, meine Fitness, meine Disziplin und meine Ordnung beeinflussen meine Motivation. Auch darauf achte und daran arbeite ich darum als Jünger von Jesus. Aber besonders hartnäckig werde ich meine Motivationskiller aufspüren und mich regelmäßig dadurch ermuntern, dass ich mich mit positiven Menschen treffe, die mich nicht Kraft kosten, sondern mir Kraft geben. Motivation ist immer auch etwas Gemeinschaftliches. Wo viele Motivierte zusammen sind, verstärkt sich ihre Begeisterung. Resonanz entsteht. Schwingungen übertragen sich nicht nur bei Tönen von Instrumenten. Auch in allen Beziehungen wird immer etwas zum Mitschwingen gebracht. Leider ist das, was runterzieht, oft stärker als das, was aufbaut. Deshalb meide ich schlechte Gesellschaft, denke Positives, rede Gutes, mache anderen Mut, erinnere sie und mich an unsere Potenziale und stärke so unser Gott- und Selbstvertrauen. *„Ermahnt euch untereinander und einer erbaue den andern" (1 Thess 5,11).* Praktiziert wird das in einer Gemeinde am besten in ihren Kleingruppen oder Hauskreisen, in die sich Glaubende unter der Woche aufteilen. In ihren Wohnzimmern geben und nehmen sie Anteil an ihrem Leben und pflegen die geistliche und meist auch ‚verpflegte' Gemeinschaft, für die der Gottesdienst am Sonntag schlicht zu groß ist. Mein Hauskreis trägt mich durch auch durch schwere Zeiten und schaut auf mich, dass ich konzentriert und motiviert bleibe durch Jesu Ruf: „Mir nach!"

**Fragen zum Nachdenken und zum Gespräch:**

Welche Prioritäten habe ich anders zu setzten?

Was ist mein nächstes, was ist mein größtes Ziel?

Was motiviert und demotiviert mich?

# 5.

## Sich begegnen - wie Jesus

Animiert zusammenkommen:
Beziehungen und die Früchte des Heiligen Geistes
Katalysator Ehrlichkeit

Taube Geist

## Beziehungen und die Früchte des Heiligen Geistes

Jesus nachfolgen bedeutet leben nach seinen geistlichen Prinzipien. Sie sollen die innere Einstellung der Anhängerschaft Jesu bestimmen. Diese Prägung hat aber auch eine Außenwirkung. Glaube ist nur Glaube, wenn er auch gelebt wird. Welchen Eindruck hinterlassen die ‚Setzlinge‘ von Jesus bei diesem Übergang in ihrer Umgebung? Was wird von der Nachfolge Jesu so sichtbar, dass es auffällt? Wer Jesus folgt, wird nicht mehr ein egoistisches und egozentrisches, sondern ein produktives und fruchtbares Leben führen, das mit Früchten, die der Heilige Geist wachsen lässt, im Dienst für Gott und den Mitmenschen steht. Die geistlichen Wurzeln tief in Gottes Wort verankert, blüht dieses Leben auf zur Ehre Gottes und zu Freude anderer.

*Wurzeln kultivieren* ist die erste Voraussetzung für geistliches Wachstum. Dazu kommt: *Unkraut eliminieren.* Unkraut gibt es in jedem Garten zuhauf. Im Neuen Testament ist das Unkraut ein Bild für die Beschäftigungen, Vergnügungen und Sorgen, die viel Zeit und Kraft rauben, und die die Fruchtbarkeit des Samens von Gottes Wort verhindern. Deshalb gehört Unkraut gejätet. Leider kommt Unkraut von ganz allein, schnell und immer wieder. Und auch im geistlichen Leben wuchert es einfach so. Das Unkraut der Zerstreuung würgt gute geistliche Gewohnheiten ab, besonders die stille Zeit und die Gemeinschaft mit anderen Christen. Die schlechten Gewohnheiten bekommen die Oberhand. Die Früchte des Heiligen Geistes verkümmern und verdorren. Gegen diese Erstickung des geistlichen Lebens ist das Heilkraut der Erweckung und Belebung gewachsen. Das heißt: Sich Christus und seinem Einfluss neu aussetzen und sich an seine ‚Beatmung‘ anschließen. Aber dann auch „in Christus" bleiben und seiner Beschneidung stillhalten, selbst wenn es schmerzt und schwerfällt. Im Garten ist nämlich nicht nur das Unkraut *zwischen* den Pflanzen ein Problem, sondern auch die Wucherungen *an* ihnen. Deshalb werden sie zurechtgestutzt, aber dadurch gerade nicht ruiniert, sondern im Gegenteil optimiert, angereichert. Auch Gott lässt seine ‚geistlichen Gewächse‘ durch Schnitte, Schmerzen und Schwierigkeiten erblühen, reifen, wachsen und Frucht bringen. Die Früchte des Heiligen Geistes, die Zeit zum Wachsen brauchen, werden nämlich oft durch ihr problematisches Gegenteil entwickelt, also zum Beispiel wird Geduld durch Warten erlernt, oder Frieden in Unruhe erlebt. Was sind die Früchte des Heiligen Geistes, mit denen Glaubende sich gegenseitig und der Welt wohltun? Paulus zählt auf: *„Liebe, Freude, Friede, Geduld, Freundlichkeit, Güte, Treue, Milde und Selbstbeherrschung" (Gal 5,22).* Und Jesus hat das ganze Programm in der Begegnung mit seinen Mitmenschen wie kein anderer gelebt. Er war berühmt für seine Umgänglichkeit. Und er investierte sich in seine ‚Crew‘, damit sie es auch ist. *„Darin wird mein Vater verherrlicht, dass ihr viel Frucht bringt und werdet meine Jünger" (Joh 15,8).* Von diesem reichen Sortiment infiltriert, können die Konsorten Gottes animiert zusammenkommen.

**Liebe**

Die erste und wohl schönste Frucht ist die Liebe. Anders gesagt: Als Jünger von Jesus bin ich *nicht länger feindselig.* Meistens wird die Liebe für ein Gefühl gehalten, Schmetterlinge oder Flugzeuge im Bauch, ein ‚ocean of emotion‘. Wahre Liebe erzeugt zwar Gefühle, manchmal sogar sehr starke, ist aber mehr als ein Gefühl. Jesus gebietet die Liebe. Demnach kann ich bestimmen, wen ich liebe. Das bedeutet: Die Liebe ist eine Wahl. Die Liebe ist aber auch eine Praxis, also ein konkretes Verhalten. Es gibt nichts Gutes, außer man tut es. Wie kann ich schwierige Menschen lieben?

Wenn ich Liebe wirklich praktizieren will, muss ich begreifen und spüren, wie sehr Gott mich liebt. Die bedingungslose Liebe Gottes geht meiner Liebe immer voraus. Dass Gott mich zuerst geliebt hat, ist aber auch der Grund dafür, dass ich lieben lernen kann. Die Erfahrung von Gottes Liebe erinnert mich gleich an die logische Konsequenz daraus im Vaterunser … „wie auch wir vergeben unsern Schuldigern". Das ist manchmal nicht leicht, aber die einzige Möglichkeit, die Türe zur Vergangenheit zu schließen und geschlossen zu halten. Dabei vergebe ich meinen Nervensägen nicht, weil sie das verdienen, sondern auch um meiner selbst willen. So können sie mich nicht länger aufregen und ärgern, weil ich mich mit dem Groll gegen sie nicht länger selbst belaste. Ich schaue hinter die Fehler von schwierigen Mitmenschen auf ihre Bedürfnisse und verstehe: Wer anderen lieblos begegnet, wurde vielleicht selbst nicht geliebt. Wer von anderen nicht ertragen wurde, ist auch deshalb unerträglich. Wer andere verletzt, ist selbst verletzt und braucht dann ganz besonders Zuwendung, um lieben zu können.

Wenn ich mein Denken über schwierige Menschen verändere, werden sich auch meine Gefühle und mein Verhalten ihnen gegenüber verändern. Wenn ich sie aus Glauben heraus liebe, empfinde ich immer weniger Abneigung. Es ist leichter, sich durch eine Tat in ein Gefühl zu bewegen als umgekehrt aus einem Gefühl in eine Tat. Ich kann nicht alle meine Empfindungen direkt ändern, aber indirekt, indem ich meine Gedanken und Taten ändere und zum Beispiel für einen Querulanten nur das Beste erwarte und erbitte und ihn so behandle, wie wenn er schon umgänglich und annehmbar wäre. So käme sogar in festgefahrene Beziehungen wieder Bewegung hinein. Und wenn zum Beispiel in einer Ehe das Gras auf der anderen Seite des Zaunes grüner erscheint als auf der eigenen, ist nicht die Seite zu wechseln, sondern die eigene so zu wässern, dass sie wieder richtig grün wird.

Die Liebe ist die vornehmste ‚saftigste' und ‚gschmackigste'
aller Geistesfrüchte. Alle anderen sind mit ihr verwandt und
Ausdruck dieser Liebe.

**Freude**

Zur Liebe gesellt sich die Freude. Als Jünger von Jesus bin
ich *nicht länger todtraurig*. Aber so wie die Liebe ist auch
die Freude in der Bibel außergewöhnlich definiert. Freude ist
heute weithin auf Spaß reduziert. Während jedoch ‚Happi-
ness', Fröhlichkeit von Spaß, von Happenings, von besonderen Ereignissen abhängt, ist Freude als Geistesfrucht unabhängig davon. Die Freude ist wie die Liebe eine Haltung,
eine Wahl. Ich kann fröhlich sein ungeachtet widriger Umstände. Könnte ich nur im Glück glücklich sein, wäre ich
ziemlich oft unglücklich. Seit der Auferstehung Jesu ist aber
keine Situation mehr völlig ausweglos und hoffnungslos.
Darum habe ich zwar keine Freude *am* Leid, aber *im* Leid,
und ich danke Gott dann zwar nicht *für* alle, aber *in* allen
Lebenslagen. Freude ist nicht die Abwesenheit von Leid,
sondern die Gegenwart Gottes *im* Leid. Leidenszeit ist darum keine passiv zu erduldende, sinnlos vergeudete Zeit. Sie
formt meinen Charakter. Ich lerne, Druck auszuhalten, am
Glauben festzuhalten und durchzuhalten. Mein Zutrauen in
die Macht Christi wächst. Davon profitiert mein Glaube.
Und meine Freude profitiert, wenn ich trotz allem versuche,
*andere* glücklich zu machen, weil es gut möglich ist, gerade
dabei selbst zufrieden und froh zu werden. Bei den Jesusleuten kommt ja immer dann Freude auf, wenn sie anderen geben und dienen. Die größte Freude überhaupt aber stellt sich
ein, wenn Menschen zum Glauben kommen. Zuerst freuen
sich darüber die geretteten Verlorenen, aber dann natürlich
auch alle ‚Rettungskräfte', denen die Wirksamkeit ihres
Zeugnisses mehr oder weniger bewusst ist, am allermeisten

aber Christus selbst als Retter mit den bereits in der Ewigkeit befindlichen Geretteten: *„So wird auch Freude im Himmel sein über einen Sünder, der Buße tut" (Lk 15,7).*

## Friede

Zur Liebe und Freude kommt als dritte Frucht des Geistes: Friede. Als Jünger von Jesus bin ich *nicht länger unruhig.* Es gibt im Neuen Testament drei Arten von Frieden: Zunächst Friede spirituell. Das ist der Friede *mit* Gott und meint die geordnete Beziehung zu Gott. Dann Friede emotional. Das ist der Friede *von* Gott. Er will wie ein Schiedsrichter das Spiel meines Lebens leiten, dass es gelingt. Dazu kommt schließlich: Friede relational. Das ist der Friede in den Beziehungen zu anderen. Wie kann ich als Jünger Jesu in diesem dreifachen Frieden leben?

Zunächst darf ich neu staunend in der Bibel die *Verheißungen von Gott ergreifen.* Nichts ist so beruhigend und entlastend wie das Wissen, wogegen ich bei Gott alles versichert bin, und worum ich mich darum nicht weiter sorgen und kümmern muss. Keine Leiche im Keller, kein Skelett am Klosett, keine unvergebene Schuld kann mir meinen Seelenfrieden rauben. Für alle Sünde und Schuld habe ich *Vergebung von Gott erfahren.* So wie Gott bei der Schöpfung aus nichts etwas gemacht hat, so dreht er dieses Wunder in seiner Vergebung um und macht aus dem folgenschweren Etwas meiner Schuld wieder nichts. Ich bin berechtigt und befähigt, nach seinen geistlichen Grundsätzen zu leben. Dieser Friede, *„der höher ist als alle Vernunft" (Phil 4,7)* lässt mich meine *Verbindung mit Gott erfassen.* Gott ist zwar immer da, aber seine Gegenwart ist mir nicht immer bewusst. Jesus folgen bedeutet dann, immer wieder anzuhalten und sich auf die Basics seiner Nähe zu besinnen. Schaue ich mich um, werde ich unruhig, denn ich fühle mich genervt und belastet.

Schaue ich mich an, werde ich schwindelig, denn ich fühle mich gehemmt und betrübt. Schaue ich aber auf zu Gott, werde ich selig, denn ich fühle mich gestärkt und befriedet. Jeder Sturm hat in der Mitte ein sogenanntes Auge, wo kein Wind bläst. Die Gegenwart Gottes ist wie dieses Auge. Dort kann ich aus meinen Sorgen Gebete machen und Frieden finden. Manchmal dauert das aber.

## Geduld

Dann ist als vierte Frucht des Geistes Geduld erforderlich. Als Jünger von Jesus bin ich *nicht länger eilig* und ungehalten wie alle, die nicht warten können. Ich übe mich in Geduld auch gegen den Trend, dass alles sofort da sein muss, und anders als Babies, die nicht unterscheiden zwischen ‚nicht‘ und ‚noch nicht‘, und die deshalb gleich losschreien, wenn sie nicht auf der Stelle bekommen, was sie wollen. Alle sind in Eile und müssen gleich weiter. Pannen, Staus, Warteschlangen, besetzte Räume, volle Wartezimmer, unerwartete Anrufe, Verlegungen, Verspätungen, verordnete Bettruhe, hinderliche Ausfälle stören und ärgern nur. Bei Wahlen muss das voraussichtliche Endergebnis verfügbar sein, noch bevor die Wahllokale schließen.

Dabei wird Geduld am besten in Wartezeiten gelernt. Aus diesem Grund gebraucht Gott gerade Unterbrechungen und Unannehmlichkeiten, leere Zeiten der Inaktivität und auch unerhörte Gebete, eigentlich alles, was mir nicht schnell genug geht, um mich geduldiger zu machen. So wie der Meersand die Auster irritiert und dazu bewegt, ganz langsam in sich eine Perle daraus zu machen. Geduld beginnt mit einem Wechsel der Perspektive. Ich betrachte die Dinge nicht mehr nur aus meiner eigenen Perspektive, sondern sehe sie aus dem Blickwinkel anderer und mit den Augen eines Gottes, der mit mir auch immer wieder geduldig ist. Dann erscheint vieles, was mich aufregt, in einem anderen Licht. Ich kann dann vielleicht sogar darüber lachen. Vor allem vertraue ich Gott, dass er größer ist als jedes Problem, und dass er es für etwas Gutes gebrauchen kann. Ich denke daran, dass der ewige Gott nie unter Zeitdruck steht, nie zu spät, sondern immer in der Zeit ist, also ein perfektes Timing hat, auch wenn er sich dabei oft nicht nach meinem Zeitplan richtet. Statt mich zu beklagen: Warum passiert mir das?, oder Gott zu drängen: Herr, gib mir ganz schnell Geduld!, bete ich: Herr, was kann ich jetzt lernen? Auch bedeutende biblische Personen wie Noah, Abraham oder Mose mussten warten lernen. Im Alten Testament wartete alles auf den Messias und die Jünger warteten später auf den Heiligen Geist. Die ganze Bibel ist ein Buch zum Thema ‚Warten‘. Warum? Weil Warten Glauben zeigt, und Glauben Gott gefällt. Warten ist keine vergeudete Zeit!

**Freundlichkeit**

Und wer Geduld hat, kann auch freundlich sein. Freundlichkeit ist die fünfte Frucht des Geistes. Als Jünger von Jesus bin ich *nicht länger grantig*. Aber so einfach ist das nicht. Mir fällt auf, dass ich ausgerechnet zu meinen Nächsten oft am gröbsten bin, und dass besonders Unfreundliche am meisten Freundlichkeit benötigen, wahrscheinlich weil sie selbst auch besonders unfreundlich behandelt wurden. Freundlich sein bedeutet nicht, über alles hinwegzusehen, aber es ölt auch die nicht immer reibungslosen Beziehungen sämtlicher Jüngerscharen. Für Paulus geht alle Freundlichkeit buchstäblich aus von Gott. Sie ist seine Liebe in Aktion. *„Als aber erschien die Freundlichkeit und Menschenliebe Gottes, unseres Heilandes, machte er uns selig"* (Tit 3,4). Sie gleicht für den Apostel einem übergestreiften Gewand: *„So zieht nun an als die Auserwählten Gottes, als die*

*Heiligen und Geliebten herzliches Erbarmen, Freundlich-keit" (Kol 3,12).* Die Freundlichkeit verbindet sich gern mit ihrer Nachbarin, der Güte. Freundlichkeit, aber auch ihr Gegenteil, funktioniert zuverlässig: Unfreundlichkeit vergiftet die Atmosphäre, Freundlichkeit ist ein Generator guter Stimmung. Selbst klein dosiert in einem freundlichen Wort oder Blick, einem Händedruck, einer Umarmung erzielt sie entsprechend Resonanz. Sie kommt regelmäßig zurück. Freundlichkeit bewirkt Freundlichkeit und Unfreundlichkeit Unfreundlichkeit. Freundlichkeit ist Christusähnlichkeit. Jesus hat sie maximal gelebt. Um zu werden wie er, achte ich wie er auf die Bedürfnisse und Nöte in meiner Umgebung. Ich zeige wie er Mitgefühl und Anteilnahme und bin bereit, etwas für die Betroffenen zu tun. Freundlichkeit beginnt mit Empfindsamkeit und äußert sich in Hilfsbereitschaft. Ihr größter Feind ist die Geschäftigkeit. Der barmherzige Samariter war freundlich zu dem unter die Räuber Gefallenen, indem er seine Distanz aufgab und statt eilig vorbeizugehen, sich durch dieses Unglück unterbrechen ließ. Er gaffte nicht untätig, sondern schaute hin, packte mutig an und kam freundlich sogar für alles auf *(Lk 10,25-37).*

**Güte**

Gleich neben der Freundlichkeit steht als sechste Frucht des Geistes die Güte. Als Jünger von Jesus bin ich *nicht länger bockig.* Ich gebe mein Bestes für Jesus und leiste, wo ich kann, meinen Beitrag. Für die Bibel ist ein gutes Leben ein mit Güte gefülltes Leben. Und gut ist gemäß dem biblischen Schöpfungsbericht alles, was seine Bestimmung erfüllt, was tut, wofür Gott es gedacht hat. Was ist das Gute, für das ich bestimmt bin? Für Paulus bin ich zwar nicht gerettet durch gute Werke, aber gemacht für gute Werke: *„Denn wir sind sein Werk, geschaffen in Christus Jesus zu guten Werken,*

*die Gott zuvor bereitet hat, dass wir darin wandeln sollen"*
*(Eph 2,10).* Güte manifestiert sich in guten Werken. Ich soll
ein gutes Leben mitten in einer bösen Welt leben. Und für
das Gute ist nicht die Welt, sondern das Wort der Maßstab.
Tragfähige Werte können nicht von innen aus mir, sondern
nur von außen beziehungsweise von oben, von Gott kommen. Das Gute muss ich mir gesagt sein lassen. Und entweder hält mich das Wort Gottes vom Bösen ab, oder das Böse
hält mich vom Wort Gottes ab. Ein gutes Leben leben bedeutet, wie Jesus für das Gute stehen, aber auch gegen das Böse.
Jesus hasste das Böse, aber er liebte die Sünder. Und ich
kann in dieser Welt wie ein Thermometer sein, das die Temperatur der Umgebung anzeigt. Oder ich gleiche einem
Thermostat, der die Temperatur der Umgebung auch kontrolliert und einstellt, also Einfluss nimmt und Standards setzt.
Ich will kein arroganter Besserwisser, sein, sondern wie Jesus ein gütiger Weiser, der gerne um Rat gefragt wird.

**Treue**

Die siebte Frucht des Heiligen Geistes ist eine seltene Tugend, die Treue. Als Jünger von Jesus bin ich *nicht länger
unzuverlässig.* Im Yellowstone Nationalpark in den USA gibt
es einen Geysir mit dem Namen ‚Old Faithful'. Er ist berühmt für seine Zuverlässigkeit. Regelmäßig wie ein Uhr-
werk sprüht er sein heißes Wasser in die Höhe. In unserer
schnelllebigen Zeit wird Treue unter Menschen immer mehr
zum Problem. Vieles ändert sich schlagartig. Welche Treue
ist es dann wert? Wer Gottes Treue traut, dem ist er treu. Fest
steht zuerst die Treue Gottes. Davon lebt und darum besteht
die Welt überhaupt noch. Gottes Treue ist sein Erhaltungs-
wille. Und seine Treue ist Bundestreue, leidenschaftliche
Parteinahme für sein Volk. Gott hält seine Treue auch gegen
alle menschliche Untreue durch: *„Sind wir untreu, so bleibt*

*er doch treu" (2 Tim 2,13).* Von Gottes Treue leitet sich die Zuverlässigkeit seines Wortes ab und davon wiederum die Bibeltreue, die Glaubenstreue, die Diensttreue, die Beziehungstreue und die Treue im Kleinen aller, die zu Gott gehören. Leider nicht automatisch, denn der Treue steht viel Unzuverlässigkeit entgegen. Unverbindlichkeit, Unpünktlichkeit, Stapel von Ausgeliehenem und Unerledigtem ziehen vorhandene Begabungen und Geistesfrüchte in Mitleidenschaft und belasten Beziehungen unnötig. Was bedeutet zum Beispiel die Gastfreundschaft oder Hilfsbereitschaft derer, wenn sie nur manchmal oder zu spät kommt?

Wie lerne ich, zuverlässig zu sein? Indem ich zunächst ohne großes Aufsehen zu machen und ohne Eide zu schwören, meine Versprechen einhalte. Mein Ja ist ein Ja, und mein Nein ist ein Nein *(Mt 5,37).* Mein Wort gilt. Es gilt vor allem auch in meiner Ehe. Nicht nur hier bedeutet meistens treu eigentlich untreu. Auch beim Umgang mit Geld und mit Zeit kommt es auf Treue an, ebenso bei der Pflege von Freundschaften, wenn auf sie gerade in schlechten Zeiten sprichwörtlich Verlass sein soll. Und selbstverständlich sollte sich Treue in der Zugehörigkeit zur Gemeinde äußern. Bei deren Veranstaltungen schaue ich nicht nur gelegentlich mal vorbei, sondern nehme verbindlich daran teil. Treue bemisst sich nicht nach guten Absichten, sondern auch bei unterschiedlichen Möglichkeiten immer nach konkreter Praxis. Nicht alle können brillieren, aber alle können treu sein.

**Milde**

Die achte Frucht des Geistes ist Milde. Als Jünger von Jesus bin ich *nicht länger zornig.* Auch die Milde ist wie die Freundlichkeit eine Gabe, von der nicht nur die Umgebung, sondern auch die Mildtätigen selbst profitieren. Milde Persönlichkeiten werden gemocht und geschätzt. Was ist Milde?

Manche halten sie für eine Schwäche. Dabei ist sie genau das Gegenteil. Milde ist Stärke, aber Stärke unter Kontrolle. Milde sein bedeutet, beherrscht reagieren zu können. Wer milde ist, erwidert das Verhalten anderer nicht impulsiv, sondern antwortet darauf mit Bedacht und reagiert darauf mit Rücksicht und Verständnis. Wie kultiviere ich diese angenehme Eigenschaft? Statt in Streitgesprächen zu explodieren, Vorwürfe zu machen und bloßzustellen, würdige ich, was anerkennenswert ist. Ich muss nicht jede Meinung teilen, nehme aber die, die eine andere vertreten, so an wie Christus mich angenommen hat *(Röm 15, 7)*. Ich belaste Beziehungen nicht zusätzlich noch dadurch, dass ich mich bei Meinungsverschiedenheiten beleidigt daraus zurückziehe, sondern halte an ihnen fest. Lediglich aus Kämpfen, bei denen alle Beteiligten nur verlieren können, halte ich mich heraus, nehme das Recht auf meine eigene Meinung in Anspruch und halte den Dissens aus. Denn wo man in allem immer übereinstimmt, wird vielleicht auch nicht sehr gründlich gedacht. Milde bedeutet nachzugeben, ohne sich aufzugeben. Milde ist die Fähigkeit, zustimmend nicht zuzustimmen. Guter Grund, milde mit anderen Ansichten umzugehen, ist auch die Tatsache, eigentlich von jedem Menschen etwas lernen zu können. Milde paart sich mit Demut. Ich bin bereit, mich unterweisen zu lassen und höre nicht auf, Fragen zu stellen. Milde sein bedeutet, gelehrig statt fertig zu sein. Wer keine Fehler zulässt, auf niemanden hört und unbelehrbar bleibt, wird bald sehr einsam sein. Und selbst bei sehr heftigen Auseinandersetzungen ist es besser, einzustecken als heimzuzahlen. Denn wenn ich mich für Unrecht räche, erlaube ich dem Täter, meine Gefühle weiter zu kontrollieren. Stärker bin ich, wenn ich ruhig bleibe, und statt mich vom Bösen überwinden zu lassen, umgekehrt das Böse mit Gutem überwinde *(Röm 12,21)*. Vor allem auch Menschen, die dem Glauben gegenüber fern stehen, brauchen Milde und Respekt, nicht Ablehnung. Eine harte Haltung kann sie daran hindern, das Evangelium aufzunehmen. Achtung öffnet sie, Verachtung verschließt sie dafür. Es ist wie bei einem Küken im Ei. Wer es zur Welt bringen will, indem er die Schale aufbricht, bringt es um. Wenn es dagegen mit Wärme ausgebrütet wird, schlüpft es selbst zur rechten Zeit. Menschen das Evangelium nicht um die Ohren zu schlagen, sondern es ihnen mild ‚gesalzen' schmackhaft zu machen, kann sie vorbereiten für eine Begegnung mit Gott.

**Selbstbeherrschung**

Die neunte und letzte Frucht des Geistes ist die Selbstbeherrschung. Als Jünger von Jesus bin ich *nicht länger hitzig*. Wieviele Probleme haben ihre Ursache in einem Mangel an Selbstbeherrschung? Des Menschen größtes Problem ist er selbst. Und ein angeschlagenes Selbstvertrauen bedeutet oft auch eine geschwächte Selbstbeherrschung. Wie Raser mit einer gebrochenen Lenkung und einer ausgefallenen Bremse schleudert es solche außer Kontrolle Geratene hin und her. Aber ohne Selbstbeherrschung wird große Kraft zum Problem. Und wirklich frei ist nur, wer sich auch beherrschen kann. Welche Schritte kann ich dahin gehen?
Um Selbstbeherrschung entwickeln zu können, muss ich meine Verantwortung für den Mangel daran übernehmen. Ich beschuldige nicht länger meine Umgebung für die Dinge, die ich lassen statt tun, und tun statt lassen sollte. Ich befreie mich auch von dem Missverständnis: Einmal gescheitert -immer gescheitert. Bisher versagt zu haben, bedeutet nicht, sich niemals ändern zu können. Die Fixierung auf das Scheitern in der Vergangenheit, verlängert und verstärkt es nur. Ein kleines Kind lernt auch nicht beim ersten Versuch laufen. Aber es gibt nicht auf, sondern steht beharrlich immer

wieder auf, wenn es gefallen ist. Es denkt nicht, dass es wohl nicht zum Laufen geschaffen ist. Scheitern ist nicht als Identität, sondern als Labilität zu begreifen. Ich bin kein unfähiger Versager, sondern benötige innere Stabilität. Mein Scheitern macht mir immerhin klar, wie es nicht geht. Ich kann daraus lernen, und gewinne Souveränität. Aber Disziplin beginnt in meinen Gedanken. Die Art, wie ich denke, bestimmt, wie ich fühle. Und die Art, wie ich mich fühle, bestimmt, wie ich handle. Pessimismus im Bezug auf die Möglichkeit, mich zu ändern, ist eine Prophetie, die sich selbst erfüllt. Und Selbstbeherrschung ist nicht das Produkt von Willenskraft und Anstrengung, sondern von geistgewirkter Sinnesänderung. Meinen Teil trage ich dazu bei, wenn ich mich fern halte von Situationen, in denen ich ausraste, und wenn ich mich zurückhalte in Momenten, wo mir der Hut hochgehen will. Aber die Kraft Christi kommt auch nicht erst dann in mein Leben, wenn ich alle Wutausbrüche unter Kontrolle habe. Sie erweist sich gerade inmitten all meiner Kämpfe, die ich durchstehe nicht mit meinen wiederholten Versuchen, sondern mit meinem Vertrauen. Das kann zusätzlich gestärkt werden durch eine seelsorgerliche Begleitung von einer Vertrauensperson, der ich das Recht gewähre, nachzufragen, wie es mir geht. Und maßgeblich fördert meine Selbstbeherrschung meine Gemeinde, die ja kein Hotel für Heilige ist, sondern ein Hospital für Sündige, die alle wissen, dass sie Jesus brauchen. Seine Kraft wirkt in ihnen ein neues Wollen und auch das dazugehörige Vollbringen. *(Phil 2,13)* Das Geheimnis von Selbstbeherrschung ist Christuskontrolle.

**Katalysator Ehrlichkeit**

Insgesamt gesehen und bildlich gesprochen enthalten die Früchte des Heiligen Geistes in ihrer Gesamtheit alle

‚Vitamine', die für die geistliche Gesundheit wichtig sind. Sie reichern die Außenwirkung der ‚Setzlinge' von Jesus an. Aber auch für ihr eigenes Miteinander sind sie unerlässlich. Weil sie als Glaubensgeschwister in ihrer Gemeinde eng miteinander verbunden sind, benötigen sie ein spezielles Momentum und einen besonderen Katalysator für den Fluss ihrer Gemeinschaft. Darum ist jetzt noch gewissermaßen auf den gemeinsamen Saft in allen Geistesfrüchten hinzuweisen: Die ‚Säure und Süße der Ehrlichkeit'. Von diesem geistlichen Prinzip müssen die neun Früchte des Heiligen Geistes bestimmt sein, wenn sie gedeihen sollen. Wo Ehrlichkeit unter den Jesusleuten waltet, lebt und läuft etwas zwischen ihnen, hebt und hält sich die Stimmung in ihnen, helfen und heilen Beziehungen bei ihnen.

Zur Kultivierung von Ehrlichkeit gibt es im Neuen Testament zahlreiche sogenannte „Einander-Gebote." Sie sind die Essenz, das Ferment und der Kit ihrer Gemeinschaft. *„Ein neues Gebot gebe ich euch, dass ihr euch untereinander liebt, wie ich euch geliebt habe, damit auch ihr einander lieb habt" (Joh 13,34). „Darum nehmt einander an, wie Christus euch angenommen hat zu Gottes Lob" (Röm 15,7). ... „damit im Leib keine Spaltung sei, sondern die Glieder in gleicher Weise füreinander sorgen" (1 Kor 12,25). „Seid aber untereinander freundlich und herzlich und vergebt einer dem andern" (Eph 4,32), „ermuntert einander mit Psalmen und Lobgesängen und geistlichen Liedern, singt und spielt dem Herrn in eurem Herzen" (Eph 5,19). „Ordnet euch einander unter in der Furcht Christi" (Eph 5,21), „und ertrage einer den andern und vergebt euch untereinander, wenn jemand Klage hat gegen den andern" (Kol 3,13). „Lehrt und ermahnt einander in aller Weisheit; mit Psalmen, Lobgesängen und geistlichen Liedern" (Kol 3,16). „So tröstet euch mit diesen Worten untereinander" (1 Thess 4,18). „Und dient einander, ein jeder mit der Gabe, die er empfangen hat"*

*(1 Petr 4,10), „und lasst uns aufeinander achthaben und uns anreizen zur Liebe und zu guten Werken und nicht verlassen unsre Versammlungen, wie einige zu tun pflegen, sondern einander ermahnen" (Hebr 10,24+25). „Verleumdet einander nicht" (Jak 4,11). „Bekennt also einander eure Sünden und betet füreinander, dass ihr gesund werdet" (Jak 5,16).* Leider machen einem die modernen sozialen Medien Ehrlichkeit nicht gerade leicht. Ihre Netzwerke funktionieren nach dem Motto: „Show the best and hide the rest!"[4]

In der Apostelgeschichte wird hingegen zweimal von sehr ernsten Verletzungen der Ehrlichkeit bei der Organisation der Gütergemeinschaft zur Zeit der Urgemeinde berichtet: Ein Ehepaar wollte den Apostel Petrus bei einer Spende hinters Licht führen und ist dabei doch wahrhaftig umgekommen. Aber nicht weil es den beiden nicht erlaubt gewesen wäre, von ihrem Grundstückserlös einen Teil zu behalten. Ihre Heimlichtuerei und die abgesprochene Lüge, den gesamten Erlös gespendet zu haben, wurde den beiden zum tödlichen Verhängnis *(Apg 5,1-11)*. Ehrlichkeit ist für Petrus die Voraussetzung für die Einheit und die Gemeinschaft der christlichen Gemeinde. Heuchelei ist deshalb keine Kleinigkeit. Sie vergiftet den Fruchtsaft der Gemeinde. Und Heuchelei ist nicht der Widerspruch zwischen guter Absicht und leider misslungenem Tun, sondern zwischen Anschein und Sein, die Differenz zwischen Gesagtem und Gelebtem, zwischen öffentlich Gezeigtem und privater Praxis. Heuchler sind Schauspieler, die sich hinter einer Maske verstecken.

Eine weiterer Fall von Unehrlichkeit im Neuen Testament betrifft Petrus selbst. Der Apostel sonderte sich nämlich eines Tages gegen gültigen Beschluss und bisher geübten Brauch von den Heidenchristen[5] der von ihm besuchten Gemeinde in Antiochien ab und feierte nicht mehr mit ihnen

---

[4] Zeige das Beste und verbirg den Rest!
[5] Heidenchristen sind Christen mit nichtjüdischem Hintergrund.

gemeinsam Abendmahl. Der fragwürdige Grund dafür war völlig unverständliche Angst vor einer Inspektion durch die von Judenchristen[6] dominierte Jerusalemer Urgemeinde. Petrus wurde von Paulus wegen dieser Heuchelei ehrlich gemaßregelt und streng zurechtgewiesen *(Gal 2,11-14)*. Aber Grüppchenbildung geht eben einher mit Misstrauen. Und Unehrlichkeit erzeugt Unglaubwürdigkeit. Weil beides auch heute die geistliche Kraft der Gemeinde lähmt und ihren missionarischen Auftrag behindert, ist Heuchelei durch radikale Offenheit und völlige Transparenz klar entgegenzuwirken. Schon Jesus hatte null Toleranz für heuchlerische Pharisäer, die er traf, gleichzeitig aber unbegrenzte Gnade für bedürftige Sünder, denen er begegnete. Ich kann also aufhören, anderen etwas vorzumachen und beginnen, konsequent die Wahrheit zu sagen. Beziehungen gestalten und sich mit den Früchten des Geistes begegnen wie Jesus: „Mir nach!"

**Fragen zum Nachdenken und zum Gespräch:**

Mit welcher Frucht des Heiligen Geistes
habe ich die meiste Freude und die meiste Mühe?

Verändert sich mein Leben
eher durch „Zuckerbrot oder Peitsche?"

Wieviel Wahrheit vertrage ich, und leiste ich mir?

---

[6] Judenchristen sind für Christus gewonnene Juden.

# 6.

## Sich verständigen - wie Jesus

Kultiviert miteinander auskommen:
Kommunikation verstehen
Konflikte lösen
Einheit bewahren

Habe ich dich richtig verstanden?

Aus dem Brief eines Ehemannes an seine Frau: „Teure Gattin, sei so gut und schicke mir deine Hausschuhe! Natürlich meine ich meine und nicht deine Hausschuhe. Aber wenn du liest ‚meine Hausschuhe‘, dann meinst du, ich möchte deine Hausschuhe. Wenn ich aber schreibe: Schick mir deine Hausschuhe, dann liest du ‚deine Hausschuhe‘ und verstehst richtig, dass ich meine ‚meine Hausschuhe‘ und schickst mir meine Hausschuhe. Schicke mir also bitte deine Hausschuhe!"[7] Der österreichische Psychotherapeut und Philosoph Paul Watzlawick (1921-2007) war der Meinung, dass es unmöglich ist, nicht zu kommunizieren.[8] Wenn das stimmt, ist zwar noch nichts über die Qualität menschlicher Kommunikation gesagt, aber das Thema ist als eines, das alle betrifft, vorgegeben und damit die Aufgabe gestellt, sich über Verständigung zu verständigen auch in diesem Glaubenskurs. Jesu Getreue sollen kultiviert miteinander auskommen.

**Kommunikation verstehen**

Wie kommuniziert die ‚Crew‘ von Jesus mit ihrem Kapitän, miteinander und mit ihrer Umgebung? Weil sie als herausgerufene Schar, als Ekklesia, als Kirche immer auch im Verbund lebt und von außen wahrgenommen wird, können ihre Mitglieder ihre Kommunikation nicht dem Zufall überlassen. Sie haben teil an den Chancen, aber auch an den Problemen von Kommunikation in unserer modernen Kommunikationsgesellschaft. Ihre Kommunikation verdient sogar besonderes Augenmerk, ist doch der gesamte christliche Glaube im Grunde ein kommunikatives Geschehen. Glaubende kommen her von der Kommunikation des Vaters im Himmel, der ihnen seinen Sohn und sein Wort kommuniziert hat. Und sie

---

[7] A. Backhaus: Lieber Lachfalten als Tränensäcke, Moers 2002[2] 84
[8] P. Watzlawick, J. H. Beavin, D. D. Jackson:
Menschliche Kommunikation, Bern Stuttgart Wien 1969 53

sind dazu berufen, diese Kommunikation miteinander bei der ‚Kommunion am Tisch des Herrn' zu feiern, im Gebet zu erfahren, in ihrer Communio, in ihrer Gemeinschaft zu leben und ihrer, sowie der nächsten Generation durch ihr Zeugnis und ihren Dienst weiter zu kommunizieren. Da kann unterwegs viel passieren. Von ihrer Qualität hängt es ab, ob Kommunikation gelingt oder scheitert. Darum muss an ihr beständig gearbeitet werden.

Glaubende, unter denen es natürlich genauso Missverständnisse und Auseinandersetzungen gibt, orientieren sich aber auch hier wieder an ihrem Meister Jesus. Sie lernen seine Art und Weise, zu kommunizieren. Dafür haben sie den besten Kommunikator überhaupt bekommen, den Heiligen Geist. Er ist seit Pfingsten im Chaos der babylonischen Sprachverwirrung *(1 Mose 11,1-9)* der Interpret ihres Redens, der für Verständlichkeit sorgt. Geschöpfliche Basis für diese besondere Kommunikation sind aber auch ihre natürlichen Gesetzmäßigkeiten:

Ein ‚Sender' enkodiert, verschlüsselt, eine schriftliche oder mündliche Botschaft und übermittelt ihr Signal über ein Medium einem ‚Empfänger', der es seinerseits dekodiert, entschlüsselt. Die Kommunikation ist dann gelungen, wenn die verschlüsselte, gesendete und entschlüsselte, empfangene Botschaft übereinstimmen. Andernfalls handelt es sich um eine Fehlinformation, in der gewissermaßen aneinander vorbei geredet wurde. Je klarer die Botschaft und das Signal, desto einfacher und korrekter die Übermittlung. Zusätzlich beeinflusst wird ein Kommunikationsvorgang auf beiden Seiten allerdings auch durch Faktoren wie sprachliche und inhaltliche Kompetenz, die Absicht einer Botschaft, das konkrete Verhalten beim Übermittlungsprozess sowie zwischen den Zeilen mitzulesende Informationen. Das bedeutet, dass Kommunikation nicht linear wie durch einen Trichter nur in eine Richtung vom ‚Sender' zum ‚Empfänger,' sondern zirkulär, durch Feedback hin und her angepasst und präzisiert verläuft. Um bei Verständigungsproblemen den Gesprächsfaden wieder anzuknüpfen, sind auch die verschiedenen Ebenen der Kommunikation zu unterscheiden und festzustellen. Sie beeinflussen die jeweilige Reaktion darauf. Eine Botschaft kann eine Sache beinhalten, mehr eine Selbstoffenbarung sein, aber auch eine Beziehung betreffen, oder einen Appell bedeuten.

Und bei jeder zwischenmenschlichen Kommunikation redet immer auch der Körper mit seiner Sprache mit durch Haltung, Mimik und Gestik, manchmal lauter als dem Absender und Empfänger bewusst und lieb ist. Wie können die Kinder Gottes sich besser verstehen?

Zunächst muss ich mich selbst richtig verstanden haben und zum Beispiel meine Grundbedürfnisse kennen. Ich benötige wie jeder Mensch als Grundlage für mein Leben Bedeutung, Sicherheit und Akzeptanz. Niemand kann auf Sinn, Geborgenheit und Angenommensein verzichten. Daraus entwickelt sich dann ein Verhalten, das die Befriedigung dieser Bedürfnisse sicherstellen soll. Wenn das gelingt, stimmt die Motivation. Aber bei diesem Versuch treten natürlich immer wieder auch Hindernisse auf. Können sie nicht überwunden werden, produziert das Scheitern daran Ängste, Schuldgefühle und Groll. Die Suche startet aufs Neue und entwickelt sich zu einem mühsamen Kreislauf.[9]

Der Prozess wird gesteuert von einer Denkvoraussetzung, die das Verhalten und die Qualität der Kommunikation beeinflusst. Wenn ich zum Beispiel als Lebensmotto habe: ‚Ich muss unabhängig, glücklich, erfolgreich und stark sein‘, dann wird das meine Kommunikation mit meiner Umgebung verzerren. Ich bin ja nicht wirklich ein autarker Selbstversorger, unverwüstliches Stehaufmännchen und strahlender

---

9 L. J. Crabb: Die Last des anderen, Basel 1984 55ff

Held, sondern bleibe instabil, hinfällig und verwundbar. Aber ich vermittle, dass ich gerne souverän wäre. Meine Maske zeigt gerade mein wahres Gesicht. Klarer würde ich kommunizieren, wenn ich ehrlich sein könnte. Das gelingt, wenn ich mich aus meinem egozentrischen Denken, Fühlen und Verhalten zu einem Überlegen, Empfinden und Handeln leiten lasse, das sich an Jesus orientiert. Er war bereit, in den zahlreichen Grenzen des Menschseins, in der Abhängigkeit von seinem himmlischen Vater zu leben, und bis zum Schluss das Kreuz zu tragen. Für ihn war *geben seliger als nehmen (Apg 20,35)* und klar, dass am glücklichsten ist, wer andere glücklich macht.

Manchmal verhilft zu verträglicher Kommunikation und zu einem unverzerrten ‚Auftritt in der eigenen Sendung' neben solcher inneren Umprogrammierung auch eine äußerliche Kleinigkeit: Zuhören. Zuhören ist die Basis aller Kommunikation. Deshalb habe ich nur einen Mund, aber zwei Ohren. Ich soll doppelt so viel hören wie reden. Leider gleiche ich oft eher dem Breitmaulfrosch, der angeblich, wenn er quakt, sein Gehör blockiert, und der, weil er dauernd quakt, praktisch taub ist. Kein Wunder, dass ich mich mit anderen nicht verstehe, wenn ich immerfort selbst rede. Aber zuhören ist nicht gleich zuhören. Ich höre aktiv zu, wende mich mit ganzer Aufmerksamkeit meinem Gegenüber zu, und zeige ehrliches Interesse an ihm auch durch meinen Blickkontakt. Unglücklicher Weise verstehen sich diese Selbstverständlichkeiten gerade nicht von selbst. Sie verkümmern immer mehr unter dem Gestrüpp digitaler Kurzmitteilungen über Computer.

Dabei ist ein gutes Gespräch unersetzlich und kann Wunder wirken. Und durchs Reden kommen die Leute zusammen. Ein gutes Gespräch lebt von guten, das heißt offenen, Fragen, die nicht nur mit Ja oder Nein zu beantworten sind. Fragen stellen ist überhaupt die Kultur des Denkens und

Verstehens. Wo alles klar ist, wird wahrscheinlich nicht sehr gründlich gedacht. In guten Gesprächen verfeinert sich das Fragen zum Zurückblenden, Deuten und Spiegeln. Vermutlich Gemeintes wird geklärt: Habe ich dich richtig verstanden? Ein gutes Gespräch gedeiht in der Atmosphäre von Akzeptanz, Angenommensein, Authentizität, Aufrichtigkeit, und verständnisvoller Empathie, emotionalem Einfühlungsvermögen.[10]

Eine besondere Form der Kommunikation innerhalb der ‚Crew' Jesu ist die Seelsorge. Ihre Funktion ist Beistand in schwierigen Lebenssituationen vom Evangelium her.[11] Sie soll beraten, bezeugen und befreien.[12] Sie ist die vor Gott im Namen Jesu kommunizierte Sorge um das Menschsein eines Menschen, das Personsein einer Person, um ihr Heilsein und Heilwerden. Seelsorge ist Glaubenshilfe als Lebenshilfe.[13] Sie gebraucht gegebenenfalls Erkenntnisse und Methoden von Psychologie und Psychotherapie, erschöpft sich aber nicht in ihnen.

Eines ihrer wichtigsten Instrumente ist die Beichte, deren Kraft von evangelischen Gläubigen allerdings weithin unterschätzt und als katholisch beargwöhnt wird. Dabei bedeutet beichten Durchbruch zur Gemeinschaft der Sünder, die alle im selben Boot sitzen und Durchbruch von Selbstgerechten zum Kreuz, das diesen Stolz zerbricht.[14] Denn gerade der ist immer wieder der eigentliche Grund für Kommunikationsprobleme und Konflikte. Und damit ihre Nöte und Verstrickungen die Beichtenden nicht dauerhaft belasten, folgt auf das Sündenbekenntnis der Zuspruch der Sündenvergebung im Namen Jesu, die Absolution am Ende jeder Beichte.

---

10 C. Rogers: Die nicht-direktive Beratung, München 1972
11 H. Asmussen: Die Seelsorge, New York 1935⁴ 15ff
12 W. Jentsch: Der Seelsorger, Moers 1983² 66ff
13 H. Tacke: Glaubenshilfe als Lebenshilfe, Neukirchen-Vluyn 1993³
14 D. Bonhoeffer: Gemeinsames Leben, München 1982 95ff

## Konflikte lösen

Im Neuen Testament wird die Gemeinschaft der Kinder Gottes mit der einer Familie verglichen. Alle, die Jesus nachfolgen, bilden miteinander Gottes Familie. Aber weil wegen der besonderen Nähe zueinander in jeder Familie gestritten wird, gibt es auch in christlichen Gemeinden Konflikte, die man manchmal kaum für möglich gehalten hätte, und die dann auch einer speziellen Behandlung bedürfen. Wie gehen Kinder Gottes mit ihren Konflikten um? Mit ihrem wieder von Jesus bestimmten Denkansatz vom Gegenüber her streiten sie nicht erbittert, um zu gewinnen, sondern kämpfen strategisch für ihr Miteinander und raufen sich zusammen. Sie fragen zum Beispiel nicht zuerst: Was haben aneinander Geratene falsch gemacht? Sondern sie wollen verstehen: Was ist ihnen widerfahren? Dahinter steckt die Einsicht, dass die, die andere aufregen und nerven, selbst aufgeregt und genervt wurden, was ihr Verhalten zwar nicht entschuldigt, aber zumindest erklärt.

Jede Konfliktstrategie beginnt mit einer Analyse des Konfliktes. Handelt es sich um einen echten Konflikt oder um einen unechten, der womöglich nur auf Missverständnissen beruht? Betrifft der Konflikt nur äußere Strukturen, nur wenige Bestimmte, oder betrifft er auch grundsätzliche Werte und Ziele und damit die ganze Gemeinschaft? Dabei sollte einem das eigene bevorzugte Verhalten in Konfliktsituationen samt seinen Gründen und Konsequenzen bewusst sein. Neige ich dazu, mich aus Konflikten herauszuhalten, zu harmonisieren, oder sie mit Macht zu beenden? Bin ich bereit, auch so lange zu verhandeln, bis eine Lösung gefunden ist? Es gibt verschiedene Möglichkeiten, Konflikte zu lösen. Ihre Qualität ist nicht gleich. Eine erste ist der *Rückzug*. Eine Streitpartei steigt einfach aus. Das kann einen Konflikt zwar beenden, aber meist nicht lösen. Im Verborgenen schwelt er weiter. Ein weiterer Ansatz ist die *Unterwerfung*. Außer als freiwilliges Nachgeben des Klügeren kommt sie nicht in Frage, vor allem wenn andere Meinungen dabei schlecht gemacht werden. Kein schlechter Zugang ist der demokratische: Die *Abstimmung*. Sie ist gerecht bedeutet aber auch, dass sich die Mehrheit durchsetzt, und die Minderheit unterliegt. Ein Ausweg ist der *Kompromiss:* Beide Seiten rücken von ihrer Position teilweise ab und kommen sich ein Stück weit entgegen, um eine Einigung zu ermöglichen. Solange der Kompromiss kein fauler ist, also von Standpunkten abgegangen wird, die eigentlich nicht aufgegeben werden dürfen, ist er eine gute Möglichkeit. Eine noch bessere, eigentlich die reifste, aber auch die schwierigste Konfliktlösung ist die *Integration:* Die Zerstrittenen fangen noch einmal von vorne an. Sie rücken nicht nur etwas von ihren Standpunkten ab, sondern geben sie ganz auf, und suchen gemeinsam im Gespräch einen dritten, für alle gangbaren neuen Weg, eine Vereinbarung, die alle Beteiligten befriedigt und möglichst viele Einzelvorschläge mit aufnimmt, eben integriert. Voraussetzung dafür ist die Bereitschaft, wirklich gemeinsam zu entscheiden, und genug Zeit dafür zu haben.

In der Bibel ist das Ziel von Streitschlichtung die Versöhnung als volle Wiederherstellung der Gemeinschaft. Die Trennung ist zwar auch eine Option, aber nur die letzte. Abraham trennte sich von seinem Neffen Lot erst, als es überhaupt nicht mehr ging *(1 Mose 13,1-13)*. Immer wieder wird in der Bibel auch geraten, bei Auseinandersetzungen auf den richtigen Ton zu achten: *„Wer Mund und Zunge bewahrt, der bewahrt sein Leben vor Not"* (Spr 21,23). Schon die Erfahrung lehrt: Bei Donnerwetter gehen die Rollläden runter. Darum, wenn tadeln, dann positiv und keine Ermahnung ohne Ermutigung aussprechen. Kinder Gottes bedenken auch, dass der Gegenspieler Gottes „der Verkläger" schlechthin ist *(Offb 12,10)*, dem sie keinesfalls gleichen, sich also unter keinen Umständen als Glaubensgeschwister auseinander dividieren lassen sollten: *„Und seid darauf bedacht, zu wahren die Einigkeit im Geist durch das Band des Friedens" (Eph 4,3).* Die Qualität einer Beziehung besteht nicht darin, dass es nie Mühe machen darf, sie aufrecht zu erhalten, sondern darin, dass die Beteiligten bereit sind, sich diese Mühe immer wieder neu zu machen. Schwelende Konflikte hingegen hinterlassen Bitterkeit und Groll. Davon vergiftete Beziehungen belasten die Gemeinschaft der Familie Gottes *(Hebr 12,15)* Weil mir von Jesus vergeben wurde, lasse ich meinen Groll los, trage nichts nach, was sich schon im Bildwort nicht als sinnvoll darstellt, sondern kappe die Bitterkeit durch Vergebung und Versöhnung. Ich streite, ja, aber fair, und kämpfe um die Beziehung, nicht um mein Recht und um den Sieg. Ich lege meine Konflikte nicht weg, sondern lege sie bei.

**Einheit bewahren**

Für alle Gläubigen war und ist es überraschend schwer, einmütig eines Sinnes zu sein. Weil Jesus das kommen sah, hat er die Vision von der einen großen Familie Gottes zu seinem Testament gemacht. Die christliche Gemeinde sollte ein Laboratorium für die Liebe zu Gott, aber auch für die Liebe untereinander sein. *„Das ist mein Gebot, dass ihr euch untereinander liebt, wie ich euch liebe" (Joh 15,12).* Dass es sich bei der Einheit der Kinder Gottes um ein zentrales Anliegen Jesu handelt, erweist der neutestamentliche Textbefund. Jesus hat dazu mehr gesagt als zu Himmel und Hölle. Er betete dafür, dass *„sie alle eins seien. Wie du, Vater, in mir bist und ich in dir, so sollen auch sie in uns sein, damit die Welt glaube, dass du mich gesandt hast" (Joh 17, 21).* Die Erhörung dieses Gebetes haben die Gläubigen selbst in der Hand. Ihre Einheit ist der Beweis dafür, dass sie zu Jesus gehören. Und sie überzeugt Menschen, die dem Glauben fern stehen am meisten. *„Daran wird jedermann erkennen, dass ihr meine Jünger seid, wenn ihr Liebe untereinander habt" (Joh 13,35).* Gott selbst lebt mit sich als Vater, Sohn und Heiliger Geist in einer dreifachen harmonischen Gemeinschaft. Die drei sind miteinander unzertrennlich verbunden und doch voneinander zu unterscheiden. Diese sogenannte Dreieinigkeit Gottes ist das Modell für die Einheit der Gläubigen. Aber es geht dabei nicht um eine Einheit in der Vielfalt wie etwa bei einer Gartenschau, wo viele verschiedene Beete mit jeweils gleichen Blumen nebeneinander künstlich angepflanzt werden. Das ist zwar eine bunte Mischung. Aber sie ist als Ensemble von Monokulturen angelegt, die lediglich dadurch miteinander verbunden sind, dass sie aneinander angrenzen. Viel schöner sind hingegen verschiedene Blumen, die ganz natürlich ohne eigene abgetrennte Beete durcheinander, miteinander, allerdings auf *ein und derselben gemeinsamen* Wiese wachsen. Das ist Vielfalt in Einheit und nicht das Gleiche, sondern zieht die Blicke mehr auf sich als statische Einheit in Vielfalt.[15] Jesus wollte eine Gefolgschaft mit Vielfalt in Einheit, weil die Gemeinschaft in Gottes Familie eine geistliche ist. Was Gott seinen Kindern schenkt, verbindet sie. Ihr Miteinander beruht nicht auf Sympathie und Uniformität, sondern auf dem gemeinsamen Empfang des Heils und hält Unterschiede darum aus. Jesus betet: *„Und ich habe ihnen die Herrlichkeit gegeben, die du mir gegeben hast, damit sie eins seien, wie wir eins sind" (Joh 17,22).* Zerteilung zerstört die Vision der Gläubigen. Und eine zerteilte Gemeinde ist eine kraftlose Gemeinde. Aber die Einheit im Glauben nimmt die Angst vor Widerständen und macht Mut zum Glaubenszeugnis. Von den Mitgliedern der Jerusalemer

---

[15] Vgl. Gripentrog: Prototyp 19

Urgemeinde heißt es: *„Als sie das hörten, erhoben sie ihre Stimme einmütig zu Gott und sprachen:* ...*Und als sie gebetet hatten, erbebte die Stätte, wo sie versammelt waren; und sie wurden alle vom Heiligen Geist erfüllt und redeten das Wort Gottes mit Freimut"* *(Apg 4,24+31).* Es wurde also nicht nur so kraftvoll miteinander gebetet, dass buchstäblich die Wände wackelten. Auch die urchristliche Gütergemeinschaft funktionierte natürlich besser ohne Streitigkeiten. Wenn Gottes Familie sich einig ist, wächst ihre missionarische und diakonische Kraft.

Und sie wird auch durch zwei Sakramente gestärkt. Taufe und Abendmahl sind die beiden sichtbaren Zeichen der Einheit, deren Verlust den (Selbst)ausschluss insbesondere vom Abendmahl bedeuten kann. *„Denn ein Brot ist's: So sind wir viele ein Leib, weil wir alle an einem Brot teilhaben"* *(1 Kor 10,17 Vgl. Mt 5,23f 1 Kor 11,29).* Jesusleute haben um ihre Einheit immer wieder zu ringen. Sie konzentrieren sich auf den gemeinsamen Auftrag und erkennen dabei, dass sie einander brauchen.

Konflikte sind immer auch ein Zeichen für einen verschobenen Fokus. Die Erinnerung daran, dass Christus auch für die Einheit der Gläubigen starb, rückt ihn wieder zurecht. Paulus mahnt: *„Das Auge kann nicht sagen zu der Hand: Ich brauche dich nicht; oder auch das Haupt zu den Füßen: Ich brauche euch nicht ... damit im Leib keine Spaltung sei, sondern die Glieder in gleicher Weise füreinander sorgen"* *(1 Kor 12,21+25). „Wandelt nur würdig des Evangeliums Christi, damit, ob ich komme und euch sehe oder abwesend von euch höre, ihr in einem Geist steht und einmütig mit uns kämpft für den Glauben des Evangeliums"* *(Phil 1,27).* In der Nachfolge Jesu wird nicht das betont, was trennt, sondern das, was verbindet. Leider ist die Einheit christlicher Gemeinden von Anfang an immer wieder von Streitereien und Spaltungen bedroht worden. Die meisten sind ziemlich überflüssig gewesen. Auch heute stimmt keine einzige Gemeinde mit dem neutestamentlichen Prototyp so überein, dass das einen Wechsel zu ihr als einer angeblich besseren Gemeinde rechtfertigen würde. Darum *„bleibe jeder in der Berufung, in der er berufen wurde" (1 Kor 7,20)*. Und die Mottos: „Gott ja, Kirche nein" oder: „Nur mit Jesus, aber ohne Gemeinde" sind Schnapsideen, womit man in die Jesusfalle tappt. Christus gibt es immer nur „als Gemeinde existierend!"[16] Dass die Gläubigen miteinander den Leib Christi bilden, ist nicht nur ein Bildwort oder ein Vergleich, sondern eine Wirklichkeit. Die Kirche ist seine Adresse auf dieser Erde. Jesus verkörpert sich konkret in jeder Ortsgemeinde und stellt damit seinen lebendigen Organismus sichtbar in der Welt dar. Die Gemeindeglieder als Körperteile am Leib Christi benötigen sich gegenseitig und können nur leben, wenn sie unter der Herrschaft des Hauptes Christus miteinander verbunden sind. Also nicht anschweigen, sondern miteinander reden, nicht sich trennen, sondern sich verständigen wie Jesus: „Mir nach!"

**Fragen zum Nachdenken und zum Gespräch:**

Welches Bild gibt meine Gemeinde ab,
und wie kann ich meine Kommunikation verbessern?

Was bedeuten mir Beichte und Abendmahl?

Wie kann unter Gläubigen gestritten
und dennoch an der Einheit festgehalten werden?

---

[16] D. Bonhoeffer: Sanctorum Communio, München 1969⁴
92f, 138, 145, 158, 210, 218

# 7.

## Ein Team bilden - wie Jesus

Involviert zum Zug kommen:
Dienen
Stärken
Fördern

Wir

Der Vorstand eines großen Unternehmens nominiert für eine Ruderregatta die sportlichsten Mitarbeiter für den jährlichen Achter-Firmenwettkampf. Nach intensiver Vorbereitung geht die Mannschaft an den Start. Aber der Achter ist zu langsam und wird Letzter. Der Unternehmensvorstand ist schockiert und gibt eine Studie in Auftrag, um den Grund für das schlechte Abschneiden des Achters herauszufinden. Nach mehreren Monaten liegt das Ergebnis vor: Schuld an dem Debakel war, dass sieben Mann Kommandos gegeben haben, aber nur einer gerudert hat. Nun will der Vorstand wissen, wie es das nächste Mal besser gemacht werden kann. Das wird in einer weiteren Studie erhoben. Ihr Ergebnis: Der eine Ruderer muss schneller rudern.

Die zwölf Jünger waren das Team von Jesus. Obwohl einige von ihnen als ehemalige Fischer natürlich auch rudern konnten, und obwohl sie gerade als Nachfolger von Jesus im übertragenen Sinn des Wortes immer wieder ‚ins Rudern‘ kamen, nicht zum Kommandieren waren sie zusammen, sondern um ein Team zu werden. Jesus hat dieses Team wie ein Trainer gecoacht und drei Jahre als eine Lern- und Lebensgemeinschaft zusammengehalten. Aufgaben wurden verteilt und Arbeitsgruppen gebildet. Offensichtlich wollte Jesus keine One-man-show abziehen. Das Neue Testament berichtet, dass zwischendurch trotzdem die Frage auftauchte, wer von den Jüngern der Größte ist. Aber auch sie sollten keine Solisten sein. Wer hat das Zeug und das Recht, ‚Lehrlingen‘ von Jesus voranzugehen und Gefolgschaft zu erwarten, damit sie involviert zum Zug kommen?

## Dienen

Jesus hat auf die Leitungsfrage ähnlich geantwortet, wie heutige Firmenmanager es tun würden. Modernes Management setzt ja auch schon länger nicht mehr auf die Autorität von Vorgesetzten. Das Sagen haben auch nicht unbedingt die Fleißigen, die als Letzte das Licht im Büro ausmachen. Leitungsaufgaben werden vermehrt in die Hände von Teamplayern und Netzwerkern gelegt. Jesus war der Meinung: Der Größte ist der Kleinste, und der Größte ist der, der am meisten dient *(Lk 22,23-26)*. Das ist Maßstab für die Leitung von Mitarbeitenden auch in heutigen christlichen Gemeinden. In der Bibel wird ‚Leitung‘ mehrfach mit dem Weiden von Schafen durch einen Hirten verglichen. Ein guter Hirte treibt seine Schafe nicht vor sich her, sondern geht ihnen voran. Vor sich her treibt sie der Metzger. Paulus spricht vom Leiten, von der Kybernetik, als Gnadengabe des Heiligen Geistes *(1 Kor 12,28):* „und haben verschiedene Gaben nach der Gnade, die uns gegeben ist. Steht jemand der Gemeinde vor, so sei er sorgfältig" *(Röm 12,6+8)*. Leiten will also gekonnt sein und bedarf besonderer Sorgfalt, denn Leitende haben Schlüsselpositionen inne. Wenn sie nicht wirklich lenken können, werden ja nicht nur einzelne Arbeitsplätze samt den Begabten, die diese Stellen besser ausfüllen könnten, sondern unter Umständen auch ganze Arbeitsbereiche blockiert und unproduktiv. Leitungskompetenz definiert, wie effektiv in einem Team gearbeitet wird. Und genau genommen leiten wir alle, und werden wir alle geleitet. Auch in jeder christlichen Gemeinde sind Menschen sich gegenseitig zur Fürsorge und Betreuung anvertraut, und gibt es zahlreiche Gruppen, die guter Leitung bedürfen, Leiten ist also ein Thema für alle ‚Lehrlinge‘ von Jesus. Was ist überhaupt eine Leitung, und wann ist sie gut?

**Stärken**

Leitung ist keine Position, sondern ein Prozess. Und wenn ich meine, andere zu leiten, sollte ich zunächst einmal über meine Schulter schauen und nachsehen, wer mir eigentlich folgt. Es gibt verschiedene Arten von Leitung.[17] Geleitet wird zunächst hierarchisch aufgrund einer höheren *Position* beziehungsweise des Respektes vor einem Amt. Aber dass jemand die Stellung und das Recht hat, etwas anzuordnen, heißt nicht unbedingt, dass das jetzt auch dran ist. Manche Vorgesetzte meinen, ihren Mitarbeitenden regelmäßig sagen und zeigen zu müssen, dass sie über ihnen stehen. Sie merken nicht, dass sie gerade dadurch eigentlich niemanden wirklich leiten. Es ist eben ein Unterschied zwischen einer formalistisch übertragenen und einer wirklich verdienten Leitungsverantwortung. Und Jesus hat wohl als Einziger seine sogar höchste Position seinen Anhängern gegenüber nicht machthungrig, autoritär und manipulativ ausgenützt. Ein Staat benötigt dafür eine Gewaltenteilung. Neben dem Leiten aufgrund von Position steht Leiten aufgrund von *Relation*, aufgrund von Beziehung. Jesus hat bevorzugt so geführt und in die Beziehung zu seinen Jüngern alles investiert, weil er wusste, dass sie sein größtes ‚Kapital' sind. Leitung ist gut durch gute Beziehungen. Beide Seiten, Leitende und Geleitete, fühlen sich gut durch das, was Beziehungen wertvoll macht. Zu allererst: Wertschätzung, Respekt und Interesse. Wer auf seine Mitarbeitenden hört, wird von ihnen gehört und kann, weil von ihnen unterstützt, einen Schritt weiter gehen: Leiten aufgrund von *Resultaten*. Wie Jesus, der seine Jünger den Anbruch des Reiches Gottes hat real erleben lassen. Vorgesetzte, die nichts erreichen, haben ein Glaubwürdigkeitsproblem. Werden hingegen durch gute Leitung Ergebnisse erzielt, entsteht Momentum, verstummen die Kritiker und werden neue Mitarbeitende angezogen. Wer möchte nicht einem Team angehören, das gewinnt? Aber um gut zu leiten, muss man mehr sein als ein großer Macher. Benötigt wird die Fähigkeit, aus richtigen Gründen, richtige

---

[17] Vgl. J. C. Maxwell: The 5 Levels of Leadership, New York 2011

Dinge, auf richtige Weise, zur richtigen Zeit so wirksam zu tun, dass Beobachtende andere einladen, das ebenfalls zu sehen. Die gehen und kommen voran, die wissen, dass sie nur als Team erfolgreich sind, dass die besten Player oft nicht die beste Mannschaft bilden, und dass ein gutes Team immer besser ist als die Summe seiner Mitglieder. Und erfolgreich managen ein Projekt Visionäre, die ein Dreamteam bilden und ihm den Weg zur Verwirklichung ihrer Vision dadurch zeigen, dass sie ihn selbst mitgehen. Das ist dann die hohe Kunst: Leiten aufgrund von *Reproduktion*. Wieder gibt Jesus das Beispiel dafür. Er hat seine Jünger dahin entwickelt, dass sie sich selbst vervielfältigt haben. Jesus hat ihnen geholfen, von dem, was sie sein können, vorzustoßen zu dem, was sie durch seine Anleitung sein sollen: Menschenfischer *(Mk 1,17)*. Gute Leitung ‚produziert' neue gut Leitende, und multipliziert sich dadurch selbst.

Habe ich das Zeug zum Leiten? Ich prüfe mich mit folgenden Fragen: Weiß ich, wenn ich nicht nur geographisch von A nach B will, wie ich dahin komme, und wie ich andere nach B mitnehme? Kann ich erklären und begründen, worum es jetzt geht? Bin ich inspiriert von einer Vision, die ich lebe, formuliere und vermittle? Bilde ich nicht nur Teams, sondern motiviere ich sie auch? Bestimme ich Werte für mein Team und sorge ich für Ressourcen? Kann ich mich konzentrieren, Situationen analysieren und auf Herausforderungen reagieren? Löse ich, oder mache ich eher Probleme? Leite ich mich selbst? Weiß ich um meine Stärken und Schwächen? Bin ich kritik- und lernfähig? Will oder muss man mit mir zusammenarbeiten? Diese Fragen zeigen den Zusammenhang von Leitung und Zusammenarbeit. Gute Leitung gibt es eigentlich nur mit guten Teams.

Aber wie kommt jemand in ein Team? Jesu Jünger haben sich nicht freiwillig bei ihm gemeldet, sondern er hat sie berufen. Bei der Berufung von Petrus *(Lk 5,1-11)* am See

Genezareth hat er auf dessen Handlungsorientierung, Hörorientierung, Ehrorientierung, Visionsorientierung und seine Preisorientierung geachtet. Petrus entsprach den Anforderungen Jesu, wahrscheinlich eher unbewusst, offenbar zur Gänze. Er half dem umringten Jesus mit seinem Boot, sein Platz- und Akkustikproblem zu lösen (Handlungsorientierung). Trotz leerer Netze beim vorherigen Fang startete Petrus auf Jesu Wort hin einen weiteren Fischzug (Hörorientierung). Er schrieb den Erfolg dabei dann nicht sich selbst zu (Ehrorientierung), sondern öffnete sich für die größere Perspektive des ,Menschenfischens' (Visionsorientierung) und war bereit, Boot und Netz für Jesus am Strand zurückzulassen (Preisorientierung). Man könnte es auch so sagen: Bei Mitgliedern eines Dreamteams müssen Chemie, Charakter und Kompetenz stimmen.[18] Wenn auch nur ein Element nicht passt, ist es kein Dreamteam mehr, und es drohen Schwierigkeiten. Also sorgfältig auswählen!

**Fördern**

Beim Jesusmodell wirksamer Leiterschaft geht es darum, Teammitgliedern *ein Vorbild zu sein* so wie er selbst: *„Ein Beispiel habe ich euch gegeben, damit ihr tut, wie ich euch getan habe" (Joh 13,15). Weidet die Herde Gottes, die euch anbefohlen ist; achtet auf sie, nicht gezwungen, sondern freiwillig, wie es Gott gefällt; nicht um schändlichen Gewinns willen, sondern von Herzensgrund nicht als Herren über die Gemeinde, sondern als Vorbilder der Herde" (1 Petr 5,2+3).* Es kommt darauf an, Teammitglieder *herauszufordern, weiterzugehen* und sie ihres Potenzials dafür zu vergewissern wie Jesus: *„Wahrlich, wahrlich, ich sage euch: Wer an mich glaubt, der wird die Werke auch tun, die ich*

---

[18] B. Hybels: Mutig führen, Asslar 2002 91ff

*tue, und er wird noch größere als diese tun"* (Joh 14,12). Außerdem fördert es den Teamgeist, Teammitgliedern immer mehr *Verantwortung abzugeben* wie Jesus dem Petrus: *„Ich will dir die Schlüssel des Himmelreichs geben"* (Mt 16,19). *„Recht so, du tüchtiger und treuer Knecht, du bist über wenigem treu gewesen, ich will dich über viel setzen"* (Mt 25,21). Damit geht einher, Teammitgliedern *ehrlich Feedback zu geben* wie Jesus: *„Da traten seine Jünger zu ihm, als sie allein waren, und fragten: Warum konnten wir ihn (den bösen Geist) nicht austreiben? Er aber sprach zu ihnen: Wegen eures Kleinglaubens. Denn wahrlich, ich sage euch: Wenn ihr Glauben habt wie ein Senfkorn, so könnt ihr sagen zu diesem Berge: Heb dich dorthin!, so wird er sich heben; und euch wird nichts unmöglich sein"* (Mt 17,19-20). Und selbstverständlich sollte sein, Teammitgliedern *auf Augenhöhe zu begegnen* wie Jesus: *„Ich sage hinfort nicht, dass ihr Knechte seid; denn ein Knecht weiß nicht, was sein Herr tut. Euch aber habe ich gesagt, dass ihr Freunde seid; denn alles, was ich von meinem Vater gehört habe, habe ich euch kundgetan"* (Joh 15,15). *„Aber ihr sollt euch nicht Rabbi nennen lassen; denn einer ist euer Meister; ihr aber seid alle Brüder"* (Mt 23,8). Und schließlich gilt als ausgemacht, für alle Teammitglieder *regelmäßig zu beten* wie Jesus: *„Ich aber habe für dich gebetet, dass dein Glaube nicht aufhöre"* (Lk 22,32). Ein Team um die Vision und den Auftrag bilden wie Jesus: „Mir nach!"

**Fragen zum Nachdenken und zum Gespräch:**

Von wem fühle ich mich wann (nicht) gut geleitet?

Wo sollten welche Leitungsstrukturen verändert werden?

Für welche Vision hätte ich gern dieses Dreamteam?

# 8.

## Wunder erleben - wie Jesus

Talentiert zu tun bekommen:
Die Gaben des Heiligen Geistes

Anflug

In diesem Glaubenskurs gehören bei der Gefolgschaft Jesu die innere Entwicklung und die Wirkung nach außen zusammen. Was *in* Jesu ‚Lehrlingen‘ geschieht, ist Voraussetzung für das, was *durch* sie passiert. Ihre Beziehung zu Christus zählt, aber er will seine Getreuen auch gebrauchen. Sie sind nicht für den Himmel erlöst, sondern für den Dienst. Das ist daran zu erkennen, dass sie nach ihrer Hinwendung zu ihm nicht gleich in den Himmel entrückt wurden, sondern dageblieben sind. Wozu sind die ‚Azubis‘ Jesu da? Sie sind daraufhin angelegt, einen zu ihrem Potential passenden Beitrag zu leisten zum Bau von Gottes Reich in dieser Welt. Natürliche Fähigkeiten und sogenannte Geistesgaben deuten und weisen den Platz an, wo von Gott Befähigte ihr geschöpfliches und geistliches Potential am besten entfalten können. Bei der Einnahme des Platzes, wo sie talentiert zu tun bekommen, spielt der Heilige Geist eine entscheidende Rolle.

Grundsätzlich erleben Christusbestimmte den Heiligen Geist als die Kraft Gottes, die in ihnen und durch sie wirksam ist. Gleichzeitig erfahren sie ihn als Person, die zu ihnen spricht, und mit der sie reden können. Und sie spüren seine Seelsorge, heißt der Heilige Geist doch auch *„Paraklet, Tröster: Und ich will den Vater bitten, und er wird euch einen andern Tröster geben, daß er bei euch sei in Ewigkeit, den Geist der Wahrheit, den die Welt nicht empfangen kann ... Ihr kennt ihn, denn er bleibt bei euch und wird in euch sein“ (Joh 14,16f)*. *„Wenn aber jener, der Geist der Wahrheit, kommen wird, wird er euch in alle Wahrheit leiten. Denn er wird nicht aus sich selber reden; sondern was er hören wird, das wird er reden, und was zukünftig ist, wird er euch verkündigen. Er wird mich verherrlichen; denn von dem Meinen wird er's nehmen und euch verkündigen“ (Joh 16,13+14)*. Es gibt keine Hochschätzung des Heiligen Geistes auf Kosten Jesu. Er ist kein Ersatz für ihn. Dennoch läuft ohne ihn bei den

Jesusleuten gar nichts. Vor allem sie selbst laufen nicht; sie gehen nicht los, sondern der Auftrag Jesu bleibt unerledigt liegen, wenn Gottes Geist sie nicht in Bewegung bringt. *„Darum gehet! hin und lehret (machet zu Jüngern) alle Völker: Taufet sie ... und lehret sie halten alles, was ich euch befohlen habe."* (Mt 28,18+20) Für diese Aufgabe ist er an Pfingsten gekommen. Er ist also nicht der Luxusanzug, sondern das Dienstgewand der Glaubenden. Sehr gerne verbindet sich Gottes Geist mit Gottes Wort. Er wirkt durch die Bibel, und die Bibel wirkt durch ihn. Was bewirkt er? Die Zugehörigkeit zu Christus: *„Wer aber Christi Geist nicht hat, der ist nicht sein"* (Röm 8,9). Er bewerkstelligt die Wiedergeburt zu einem geistlichen Leben: Gott *„machte uns selig ... durch das Bad der Wiedergeburt und Erneuerung im heiligen Geist, den er über uns reichlich ausgegossen hat durch Jesus Christus, unsern Heiland"* (Tit 3,5+6). Er schenkt den Glaubenden Heilsgewissheit: *„Der Geist selbst gibt Zeugnis unserm Geist, daß wir Gottes Kinder sind"* (Röm. 8,16). Er vermittelt die Kenntnis Gottes und seiner Gaben: *„So weiß auch niemand, was in Gott ist, als allein der Geist Gottes. Wir aber haben nicht empfangen den Geist der Welt, sondern den Geist aus Gott, daß wir wissen können, was uns von Gott geschenkt ist"* (1 Kor 2,11+12). Er eröffnet ein florierendes Gebetsleben: *„Desgleichen hilft auch der Geist unsrer Schwachheit auf. Denn wir wissen nicht, was wir beten sollen, wie sich's gebührt; sondern der Geist selbst vertritt uns mit unaussprechlichem Seufzen"* (Röm 8,26). Er bestimmt die Zugehörigkeit zur Gemeinde Jesu: *„Denn wir sind durch einen Geist alle zu einem Leib getauft"* (1 Kor 12,13). Er macht das Glaubenszeugnis wirksam: *„aber ihr werdet die Kraft des heiligen Geistes empfangen, der auf euch kommen wird, und werdet meine Zeugen sein"* (Apg 1,8). Und schließlich weckt er einmal die Toten auf: *„Wenn nun der Geist dessen, der Jesus von den*

*Toten auferweckt hat, in euch wohnt, so wird er, der Christus von den Toten auferweckt hat, auch eure sterblichen Leiber lebendig machen durch seinen Geist, der in euch wohnt" (Röm 8,11).*

Auf die Frage, wie man den Heiligen Geist bekommt, verweisen Pfingstkirchen und charismatische Gemeinden häufig auf ein Zwei-Stufen-Modell: Nach einem ersten ‚Starterkit-Empfang' erfolgt meist mit zeitlichem Abstand ein zweiter, die Erfüllung, oder die ‚Salbung' mit dem Heiligen Geist. Abgesehen von zwei Ausnahmen *(Apg 8,12-17 19,1-7)* bekommen im Neuen Testament Menschen den Heiligen Geist aber immer voll und ganz, wenn sie zum Glauben kommen, beziehungsweise wenn sie wiedergeboren werden. Also nicht in Einzeldosen. Die sogenannte ‚Geistestaufe' ist als Eingliederung in den Leib Christi die Erfahrung *aller* Jesusleute, also keine von der Wiedergeburt zu unterscheidende Geisteswirkung, sondern vielmehr ihr Synonym. Alle, die den Heiligen Geist haben, sind ‚Geistgetaufte', die verbindet, dass sie Christus bekennen, ein neues Leben führen, und in geschwisterlicher Liebe zusammenhalten *(1 Joh 5,1)*. Trotzdem bestimmt der Heilige Geist über die Glaubenden unterschiedlich, hat also nicht immer gleichviel zu sagen in ihren Lebensbereichen.

Glaubende können den Heiligen Geist *„betrüben" (Eph 4,30) und „dämpfen" (1. Thess 5,19)*. Aber sie müssen ihn, wenn sie sich auf dieses Problem besinnen, nicht noch einmal neu empfangen, genauso wie zerstrittene Ehepartner sich nicht noch einmal heiraten müssen, wenn sie sich versöhnen wollen. Statt ständigem Neustart ist permanenter, durchspülender, reinigender Durchfluss vorgesehen: *„Seid immer dabei, euch mit dem Heiligen Geist erfüllen zu lassen" (Eph 5,18)*. Dazu wird er ausgegossen, bibelbildlich gesprochen, bekleidet, versiegelt und salbt er, fällt er herab, tränkt und ruht er auf denen, die ihn empfangen. Der Heilige

Geist als göttliche Person ist nur ganz und ungeteilt zu haben. So wie die Taufe. Die Geistes- und die Wassertaufe sind seit dem ersten Pfingstfest die beiden Herkünfte aller Glaubenden. Sie starten nicht selbst. Das neue Leben beginnt mit einer Initiative Gottes, die nicht zu wiederholen ist. Ein Täufling, egal ob Kind oder mündig, erfährt in seiner Taufe, dass Gott nichts voraussetzt, sondern sich ihm voraussetzt, ihm zuvorkommt mit seinem Heil, damit der Täufling auf sein Handeln zurückkommen kann. Alle Geistgetauften empfangen vom Heiligen Geist sogenannte Geistesgaben. Sie überschneiden sich manchmal mit natürlichen Begabungen, können sie aber auch übertreffen. Niemand hat alle Geistesgaben, und niemand hat keine. Obwohl sie verschiedene Aufgaben beinhalten, dienen sie doch alle der einen Grundfunktion, die Gemeinde Jesu, die mit den Gliedern eines Körpers verglichen wird, zu erbauen. Die Geistesgaben sind also kein Selbstzweck. Sie sind wie die Früchte des Geistes notwendig für ein funktionierendes Gemeindeleben. Die Listen des Apostels Paulus sind unterschiedlich. *(Röm 12,1-8 1 Kor 12,1-12 Eph 4,1-14)* Das heißt wohl, dass die Aufzählung nicht endgültig, sondern unter Umständen aktuell zu verändern ist.

Paulus benennt folgende Geistesgaben, die für ihn alle gleich notwendig sind! Deshalb nicht dem ‚Spektakelgrad‘ nach, sondern in alphabetischer Reihenfolge: Apostel‘: Neue Gemeinden und Dienstbereiche aufbauen und betreuen. Barmherzigkeit, Erkenntnis, Ermutigung, Evangelisation, Fürbitte, Gastfreundschaft, Geben, Geisterunterscheidung, das heißt, geistliche Irrtümer und Verführungen erkennen. Glaube, Handwerk, Heilen: Auch über die Medizin hinaus Menschen völlig gesund machen. Helfen, eigentlich Diakonie: Den Bedürfnissen anderer entgegenkommen. Hirte: Das geistliches Wachstum von Glaubenden fördern. Kreativität, Lehren: Biblische Zusammenhänge verstehen und erklären. Leitung,

Organisation: Arbeitsabläufe in der Gemeinde zielgerichtet gestalten. Prophetie: Gottes aktuelles Wort für Gegenwart und Zukunft wissen und sagen. Sprachengebet oder ‚Zungenrede' samt Auslegung. Das ist die Erweiterung des Sprachraumes für das Gebet durch fremde, aber übersetzbare Sprachen. Weisheit: Geistliche Wahrheiten in schwierigen Situationen anwenden. Und Wundertaten: Gottes Wort durch übernatürliche Ereignisse bekräftigen. Paulus selbst ordnet die Charismen drei Überbegriffen zu und unterscheidet Gaben, Ämter und Kräfte *(1 Kor 12,4-6)*. Sie können aber auch grob in zwei Wirkungsbereiche eingeteilt werden: Einige Geistesgaben wie Leiten, Lehren oder Geisterunterscheidung wirken hauptsächlich nach innen in die Gemeinde. Andere wirken eher nach außen wie Diakonie oder Evangelisation. Am übersichtlichsten lassen sich die Geistesgaben vier unterschiedlichen Funktionen zuordnen: Es gibt die *strukturellen* Charismen, durch die der Gemeindebetrieb aufrechterhalten wird, wie etwa Organisation, Geben, Helfen oder Handwerk. Daneben stehen die *erbaulichen*, durch die das Gemeindeleben aufblüht, zum Beispiel die Seelsorge von Pastoren (Hirten). Zentral sind die *Verkündigungsgaben*, mit denen Apostel im Gefolge der Urapostel predigen und der Gemeinde den Weg weisen, zum Beispiel durch ein Wort der Weisheit oder der Erkenntnis. Manchmal wegen Missbrauch umstritten, aber trotzdem nicht zu unterschlagen, sind schließlich die *zeichenhaften* Geistesgaben, durch die eine Gemeinde auf sich und vor allem auf ihren Herrn aufmerksam macht, wie das Sprachengebet und Wundertaten. Diese vier Funktionen lassen sich auch als Berufe oder Mandate beschreiben. Der Leiter führt, der Hirte betreut, der Lehrer unterweist, der Apostel als Pionier und ‚Allrounder' wirkt, indem er die Gemeinde in Bewegung bringt. Alle Charismatiker benötigen, damit sie nicht eingebildet sind und überheblich werden, für den Einsatz ihrer Geistesgaben auch die

Geistesfrüchte, vor allem die Liebe. *(1 Kor 13,1-13)* Sie ist das Fluidum, in dem die Charismen gedeihen. Leitende brauchen besonders Freude, Hirten Geduld, Lehrer Güte, und Apostel Selbstbeherrschung.

Wie zeigt sich ein Charisma? Ich kann es selbst bei mir entdecken, oder werde darauf hingewiesen, aber darf auch darum bitten. *„Wenn es aber jemandem unter euch an Weisheit mangelt, so bitte er Gott, der jedermann gern gibt und niemanden schilt; so wird sie ihm gegeben werden" (Jak 1,5).* Empfangen werde ich eine Gnadengabe jedoch, wenn ich auch bereit bin, sie in einem Dienst in der Gemeinde einzusetzen. Da kann es sein, dass ich nicht schon *vor*, sondern erst *bei* und *durch* eine Aufgabe meine geistliche Begabung dafür entdecke. Das heißt, dass ich experimentieren darf, aber dabei frage: Was sind meine Interessen und Fähigkeiten? Wo schlägt mein Herz? Gehe ich gerne auf Menschen zu, oder bleibe ich lieber im Hintergrund? Alle meine Erfahrungen helfen mir, zu erkennen, wo und wie Gott mich gebrauchen möchte. Die übernatürliche Kraft des Heiligen Geistes eröffnet ein übernatürliches Leben mit der Fortsetzung, ja Überbietung von Jesu Wundern. Er hat es selbst so beschrieben: *„Wahrlich, wahrlich, ich sage euch: Wer an mich glaubt, der wird die Werke auch tun, die ich tue, und er wird noch größere als diese tun; denn ich gehe zum Vater" (Joh 14,12).* Wunder erleben wie Jesus: „Mir nach!"

**Fragen zum Nachdenken und zum Gespräch:**

Was bedeuten mir Wasser- und Geistestaufe?

Was sind meine Geistesgaben?

Wie findet man seinen Platz in unserer Gemeinde?

# 9.

## Das Kreuz tragen - wie Jesus

Strapaziert zurechtkommen:
Probleme haben
Zweifel behalten
Trost erfahren

Warum?

## Probleme haben

Zwei Autofahrer unterhalten sich in einem Hausbibelkreis über ihre Nöte: Der eine meint: „Mein Achtzylinder braucht fünfzehn Liter auf hundert Kilometer. Und welches Kreuz hast du zu tragen?" Auch wenn die ,Lehrlinge' von Jesus ein Leben führen, das sich von dem anderer Menschen grundlegend unterscheidet, haben sie dennoch dieselben Fragen, Schwierigkeiten und Probleme, also Anteil an dem, was allen zu schaffen macht. Jesusnachfolge findet nicht abseits des Weltgeschehens statt. Jesu ,Azubis' stehen mit beiden Beinen auf dem Boden der Realität. Und die ist auch für sie manchmal hart. Trotzdem können sie, wenn auch strapaziert, zurechtkommen.

Die Warumfrage ist nicht den Skeptikern und Kritikern des Glaubens vorbehalten. Auch Glaubende stellen sie. Für sie ist die Kluft zwischen der Allmacht Gottes und ihrer scheinbaren Unwirksamkeit existentiell besonders schwer zu ertragen. Der Unglaube wird dadurch nur bestätigt, der Glaube jedoch grundsätzlich in Frage gestellt. Was dann? Als Antwort kursiert in christlichen Kreisen die Überzeugung: Glaubende Menschen sind nicht besser, aber sie sind besser dran, denn sie haben zwar Probleme wie alle anderen auch, aber sie gehen überraschend anders damit um. Sie sind zum Beispiel nicht der Meinung, dass es ihnen immer gut gehen muss. Zur Lehrlingsausbildung bei Jesus gehört die grundsätzliche Bereitschaft, wie er das Kreuz zu tragen. *„Will mir jemand nachfolgen, der verleugne sich selbst und nehme sein Kreuz auf sich und folge mir nach. Denn wer sein Leben behalten will, der wird's verlieren; und wer sein Leben verliert um meinetwillen und um des Evangeliums willen, der wird's behalten" (Mk 8,34+35).* Jesus verkörpert selbst das geistliche Prinzip: *„Wenn das Weizenkorn nicht in die Erde fällt und erstirbt, bleibt es allein; wenn es aber erstirbt,* *bringt es viel Frucht"* *(Joh 12,24)*. Und er verschweigt es nicht, sondern sagt es klipp und klar: *„Der Jünger steht nicht über dem Meister"* *(Lk 6,40)*. *„Haben sie mich verfolgt, so werden sie euch auch verfolgen"* *(Joh 15,20)*. Aber die Mühseligen und Beladenen sollen auch wissen, dass der Meister dann hinter und neben ihnen steht und ihnen beim Kreuztragen unter die Arme greift.

Trotzdem sind für die ‚Getreuen' von Jesus Schwierigkeiten und Nöte unvermeidlich. Wer keine hat, fühle seinen Puls! Und ihre Probleme sind natürlich verschieden zum Beispiel im Hinblick auf ihre Größe, Dauer und Intensität. Zu unterscheiden sind auch die von Gott zur Bewährung gemachten von den selbst gemachten: Ich bin ruhelos, weil mir die Geborgenheit bei Gott fehlt. Ich bin innerlich zerrissen, weil mir die Eindeutigkeit fehlt. Ich bin eigensinnig, weil mir die Abhängigkeit von Gott fehlt. Und diese Defizite sind nicht seine Rückzieher, sondern meine Ausreißer, mit deren Konsequenzen ich konfrontiert werde. Manchmal werden Probleme einkalkuliert. Aber niemand plant Probleme. Sie kommen meist unerwartet, sind unvorhersehbar und unberechenbar. Wer dann seine Schwierigkeiten nicht nur hinnehmen und aussitzen, sondern angehen und bewältigen will, benötigt die Gewissheit: Probleme sind nicht unfruchtbar und unzumutbar. Sie können sogar richtig produktiv sein. Gott verschwendet keine Zeit. Er verfolgt und erreicht gerade auch mit meinen Schwierigkeiten seine Absichten und Ziele. Was oder wen er besonders gebraucht, zerbricht er manchmal vorher in lauter Stücke und Scherben.

Bruchstücke und Probleme können genau zu dem beitragen, was bei der Jüngerschaft im Zentrum steht: Wachsen im Glauben und werden wie Jesus. *„Wir wissen aber, dass denen, die Gott lieben, alle Dinge zum Besten dienen"* *(Röm 8,28)*. Es ist auch bei den ‚Schützlingen' von Jesus nicht immer alles bestens, aber Gott kann bei ihnen aus allem (!)

Bestes herauskommen lassen. Schwierigkeiten läutern meinen Glauben. Und Nöte fördern meine Geduld. Ich bin zum Beispiel von Natur aus nicht die Geduld ,in Person', sondern eher die Geduld ,in Pension'. Mit Unannehmlichkeiten, Unterbrechungen und Inaktivität komme ich nicht gut zurecht. Ich bin geprägt vom Liedtext der Rockgruppe Queen: I want it all. I want it now. Ich will alles. Ich will es sofort. Und wenn Gott sich verzögert, denke ich gekränkt, dass er sich mir auch verweigert. Dabei soll ich dadurch Tragfähigkeit und Standfestigkeit entwickeln. Auch alle Großen der Bibel haben warten lernen, Ausdauer trainieren, Geduld üben und Prüfungen bestehen müssen. Meine Probleme sind dazu angetan, mir geistliche Kondition zu verschaffen. Sie generieren innere Widerstandskraft und verändern mich gründlicher und nachhaltiger als alles andere, was mir widerfährt. Ich falle nicht gleich ab und um. Ich werde jedoch nicht automatisch stark, sondern wenn ich Gott an mir wirken lasse, ihm die Kontrolle überlasse und ihn machen lasse, dann aber auch meinen psychohygienischen Beitrag nicht auslasse.

Was kann ich tun in schwerer Zeit? Zunächst nicht die Nerven verlieren, sondern entkrampfen dadurch, dass ich, auch wenn ich wanke, Gott danke. *„Seid dankbar in allen Dingen" (1 Thess 5,18).* Dass *in* allen Dingen gedankt werden soll, bedeutet nicht *für* alle Dinge. Es gibt Situationen, für die wahrlich nicht gedankt werden kann. Aber weil jede Krise auch eine Chance beinhaltet, und weil Dankbarkeit den Fokus ändert, hilft sie mir, die Krise anzunehmen und mich mittendrin zu beruhigen. Im Gebet vertraue ich darauf, dass Gott am besten weiß, was für mich das Beste ist. Und so habe ich Zuversicht, verspüre die unerklärliche ,Freude in allem Leide' und greife schließlich in meiner Not auf die kostbaren Verheißungen Gottes zurück. So heißen ja die Hunderte Zusagen und Versprechen in der Bibel, in die jeder ,Schutzbefohlene' Jesu seinen Namen einsetzen darf.

Durch sie kann ich wissen, wogegen ich bei Gott gewissermaßen ‚versichert' bin, und worum ich mich darum nicht mehr kümmern brauche. Zum Beispiel versichert gegen Ausweglosigkeit und Verzagtheit: *„Und ich gebe ihnen das ewige Leben, und sie werden nimmermehr umkommen, und niemand wird sie aus meiner Hand reißen" (Joh 10,28). „Denn ich weiß wohl, was ich für Gedanken über euch habe, spricht der Herr: Gedanken des Friedens und nicht des Leides, dass ich euch gebe das Ende, des ihr wartet. Und ihr werdet mich anrufen und hingehen und mich bitten und ich will euch erhören. Ihr werdet mich suchen und finden; denn wenn ihr mich von ganzem Herzen suchen werdet, so will ich mich von euch finden lassen, spricht der Herr, und will eure Gefangenschaft wenden" (Jer 29,11-14).* Versichert auch gegen Vereinsamung und Zerbruch: *„Ich will dich nicht (und ‚nicht' bedeutet wirklich! ‚nicht') verlassen noch von dir weichen. Sei getrost und unverzagt" (Jos 1,5+6).* Versichert gegen Überforderung und zur Erinnerung daran, dass es nach einem Eingang auch einen Ausgang gibt, und sei es den in die Ewigkeit: *„Aber Gott ist treu, der euch nicht versuchen lässt über eure Kraft, sondern macht, dass die Versuchung so ein Ende nimmt, dass ihr's ertragen könnt" (1 Kor 10,13).* Versichert gegen Untergang und zur Beruhigung, wenn es heiß hergeht: *„Fürchte dich nicht, denn ich habe dich erlöst; ich habe dich bei deinem Namen gerufen; du bist mein! Wenn du durch Wasser gehst, will ich bei dir sein, dass dich die Ströme nicht ersäufen sollen; und wenn du ins Feuer gehst, sollst du nicht brennen, und die Flamme soll dich nicht versengen" (Jes 43,1-3).* Gott bewahrt nicht *vor* allem, aber ganz gewiss *in* allem Schweren. Mit ihm an der Seite sind Glaubende immer Einer mehr. Und mit dem Mann vom Kreuz im Kreuz stehen die ‚Schutzbefohlenen' Christi unter der Schutzmacht, Allmacht und Übermacht des Auferstandenen, der gesagt hat: *„Mir ist gegeben alle Gewalt im*

*Himmel und auf Erden ... Und siehe, ich bin bei euch alle Tage bis an der Welt Ende" (Mt 28,18+20). „Das habe ich zu euch geredet, damit ihr in mir Frieden habt. In der Welt habt ihr Angst; aber seid getrost, ich habe die Welt überwunden" (Joh 16,33)*

## Zweifel behalten

Aber auch mit Gottes Verheißungen bleibt eine besondere Anfechtung für alle Gläubigen bestehen, der Zweifel. Gerade Gläubige sind durch seine unberechenbaren Attacken und seine Infragestellung dessen, was eigentlich feststehen sollte, oft sehr herausgefordert. Dieser Zweifel ist mehr als nur intellektuelle Skepsis gegenüber Unbewiesenem, oder Enttäuschung über die Kirche, ihr Personal und ihre Geschichte. Er kann ganz plötzlich aus heiterem Himmel kommen als existentieller Selbstzweifel daran, entsprechen und genügen zu können oder als grundsätzlicher Zweifel an Gott, seinem Heil und an der Wahrheit des Glaubens. Nur ein zur Gewohnheit und Gesetzlichkeit erstarrter und dadurch lebensfern gewordener Glaube, kennt keine Zweifel. Aber ehrlich Glaubende geben zu, dass sie den Zweifel nicht loswerden. Immer wieder stellt er den Glauben mit der Frage in Frage: *„Herr, wo ist deine Gnade von einst" (Ps 89,50)?* Was ist, wenn alles, was ich glaube, gar nicht stimmt? Kann ich diese Frage zulassen, oder muss ich meinen Glauben verbissen gegen jeden Zweifel verteidigen und an Sicherheiten festhalten, die aber im Zweifel gerade nicht tragen, weil ich mir Gewissheit nur selbst einrede und eigentlich nicht an Gott glaube, sondern nur an meine Vorstellung von ihm. Insofern ist ausgerechnet der Zweifel an Gott ein Bote von Gott, der mich auf die fehlende Stimmigkeit meines Glaubens hinweist. Aber dann ist er nicht der Feind meines Glaubens, sondern sein Freund. Und ich muss dann nicht den Zweifel, sondern die Zweifelsfreiheit fürchten. Jesusleute entdecken: Zweifel erleichtert den Glauben zwar nicht, macht ihn aber tiefer und ehrlicher. Zweifel ist nicht das Ende des Glaubens, sondern Anfang eines echteren und wahrhaftigeren Glaubens. So gesehen kann Zweifel sogar eine Form des Glaubens sein. Im Zweifel lebt der fragende Glaube, für den gerade nicht alles klar ist, und der darunter leidet, dass manche Antworten ihn nicht mehr zufriedenstellen. Die Wahrheit, die das Leben trägt, beinhaltet mehr als ignorante Antworten, die kritische Fragen ausschließen. Schnelle Antworten blasen zum Kampf der Thesen. Fragen hingegen lassen innehalten. Gerade auch Zweifel lehren zu glauben.[19] Und das ist das Wesentliche an der Jüngerschaft. Sie beginnt nicht mit der Übernahme des ‚richtigen' Glaubens, sondern mit der Unterweisung darin durch den Rabbi, den Meister. Darum steht bei den ersten Jüngern das Glaubensbekenntnis nicht am Anfang ihres Glaubensweges, sondern am Ende: *„Wer sagt ihr, dass ich sei? Da antwortete Petrus und sprach: Du bist der Christus Gottes!" (Lk 9,20)* Und mitten in solchem Zweifeln und Fragen wächst dann auch *„der Friede, der höher ist als alle Vernunft" (Phil 4,7), „den die Welt nicht geben kann" (vgl. Joh 14,27).*

**Trost erfahren**

Dass Gott nicht reagiert, bedeutet nicht, dass er kapituliert. Dass Gott untätig ist, bedeutet nicht, dass er unfähig ist. Dass ich meine Ziele nicht erreiche, bedeutet nicht, dass Gott seine Zwecke nicht erreicht. Gott erreicht seine Zwecke auch dann, wenn ich meine Ziele nicht erreiche. Gott ist nicht dazu da, dass ich es komfortabel habe. Darum betrachte ich die Güte Gottes nicht im Licht meiner

---

[19] Vgl. M. Schleske: Der Klang, München 2014⁸ 231-233

Lebensumstände, sondern umgekehrt: Ich betrachte meine Lebensumstände im Licht der Güte Gottes. Auch wenn ich Gottes Plan nicht verstehe, vertraue ich trotzdem seiner Güte, und ich betrachte mir zum Trost das Kreuz von Jesus: Ausgerechnet da und im Moment seiner größten Untätigkeit war Gott zum Heil der Welt am aktivsten.

Sein Trost ist *meisterlich*. Und durch die Auferweckung Jesu von den Toten ist Gottes Trost auch *österlich*, ja schließlich sogar *mütterlich*: Gott sagt: *„Ich will euch trösten, wie einen seine Mutter tröstet" (Jes 66,13)*. Und was schon bei einer Mutter unmöglich erscheint, ist es erst recht bei Gott: *„Kann auch eine Frau ihr Kindlein vergessen, dass sie sich nicht erbarme über den Sohn ihres Leibes? Und ob sie seiner vergäße, so will ich doch deiner nicht vergessen" (Jes 49,15)*. Gottes Trost zeigt mir, dass er mich trotz allem liebt. Er macht mir aber auch deutlich, dass es nicht um mich geht, sondern um das Geheimnis der Kraft Gottes, die gerade in den Schwachen mächtig ist *(2 Kor 12,9)*.

Ich erkenne den Wert meiner Grenzen und das Ziel der Ewigkeit, auf die ich mich freuen kann, weil ich mit Gott im Reinen, und von seinem Plan bestimmt bin. Darum predige ich mir selbst: *„Was betrübst du dich, meine Seele, und bist so unruhig in mir? Harre auf Gott; denn ich werde ihm noch danken, dass er meines Angesichts Hilfe und mein Gott ist" (Ps 42,6)*. Jesus selbst war am Kreuz verzweifelt und getröstet zugleich: Er schrie: *„Mein Gott, mein Gott, warum hast du mich verlassen?" (Mk.15,34)* Aber er barg sich auch in Gottes Hand: *„Vater, ich befehle meinen Geist in deine Hände" (Ps 31,6 Lk 23,46)*. Bereit, das Kreuz zu tragen wie Jesus: „Mir nach!"

Aus der geplanten 2. Auflage meines Buch „Anfang hat er selber keinen" hier in Reimen die Erzählung, wie Jesus sich der Zweifel an seiner Auferstehung beim sogenannten ungläubigen Thomas angenommen hat *(Joh 20,24-29)*:

102

Einen Jünger jedoch
gibt es noch,
Thomas, der zweifelt daran,
dass Jesus wieder da sein kann.
Er hatte beim Treffen mit Jesus gefehlt.
Die anderen haben ihm nur erzählt
vom Besuch und Auftrag ihres Jesus,
was er ihnen jetzt einfach glauben muss.

Aber Thomas kann das nicht,
weil sein Verstand dagegen spricht.
Er meint: „Ich glaube nur, was ich sehe,
und darum kritisch vorgehe.
Ich brauche einen Beweis,
nicht nur ein Wort vom Jüngerkreis.
Will ich meinen Glauben wieder spüren,
muss ich die Wunden von Jesus berühren,
mit meinem Finger erfahren, wie es steht.
Aber dafür ist es jetzt zu spät.
Statt gefasst,
habe ich ihn verpasst.
Und nachplappern macht auch keinen Sinn,
wenn ich nicht selbst überzeugt davon bin.''

Es geht erst weiter nach acht Tagen.
Die waren nicht leicht zu ertragen.
Denn nicht nur Thomas Zweifel plagen.
und verhindern, sich hinauszuwagen.
Die Jünger hocken
weiter erschrocken
hinter verschlossenen Türen,
ohne sich vom Fleck zu rühren.

103

Doch da tritt Jesus wieder mitten unter sie.
Die Jünger haben keine Ahnung wie,
aber der Auferstandene bewegt sich frei.
Und diesmal ist Thomas auch mit dabei.
Jesus ist offenbar,
extra für den Ungläubigen sogar
noch einmal wiedergekommen.
Er hat seine Zweifel ernstgenommen,

aber deutet ihm jetzt: „Sei ihr Bezwinger!
Reiche für meine Wunden deinen Finger,
sieh meine Seite und meine Hände: Hier!
Glaube nicht nur an dich, sondern zuerst mir!"
Thomas ist überwältigt, weil er Jesus erkennt.
„Mein Herr und mein Gott," er ihn jetzt nennt.

Er ist wieder zum Glauben zurückgekehrt,
den Jesus ihm aber dann so noch erklärt:
„Es ist keine Kunst, Beweisen zu glauben,
aber selig, wenn sie es einem nicht erlauben."

**Fragen zum Nachdenken und zum Gespräch:**

Was ist mein größtes Problem?

Was ist mein größter Zweifel?

Was ist mein größter Trost?

# 10.

## Vom Glauben sprechen - wie Jesus

Inspiriert rüberkommen:
Die Mission
Die Methode
Der Modus

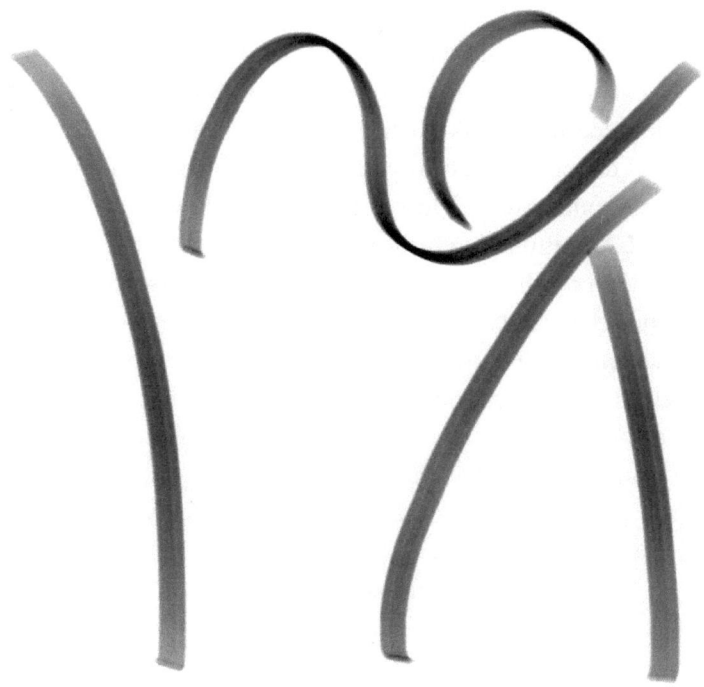

Komm und sieh!

Der Besuch des Kindergottesdienstes in einer Kirchengemeinde geht immer mehr zurück. Die Pfarrerin, der das Sorgen bereitet, spricht einen Zehnjährigen an: „Ihr seid doch in eurer Siedlung viele Kinder. Bring einfach ein paar von denen nächsten Sonntag einmal mit!" Der Bub nickt brav. Am nächsten Sonntag steht er mit zwei etwas kleineren, eingeschüchterten Freunden an seiner Seite und mit einem blauen Auge in der Kirchentür. Die Pfarrerin fragt erstaunt und besorgt: „Was, nur zwei? Und woher hast du das blaue Auge?" Der Knirps antwortet: „Ja, leider nur zwei, Frau Pfarrer, aber die anderen waren alle stärker als ich." Mit anderen über den Glauben zu sprechen und sie zum Glauben einzuladen, ist gar nicht so einfach. Das kann auch schiefgehen. Evangelisation erfordert eine ganzheitliche Kommunikation, die Überzeugungskraft mit Sensibilität und Demut verbindet, und eine Sprachfähigkeit, die für das Lebenszeugnis Interesse weckt und zum Glauben hinführt. Wie können Jesu Gesandte anderen verständlich ihre Glaubensgeschichte erzählen und dabei von sich weg auf Jesus hinweisen? Dazu sind sie ja da, oder österreichisch: Des is des, fia wos dass sie do san. Sie kommunizieren ihre Nachfolge und ihren Glauben, um sich zu multiplizieren. Dafür müssen sie inspiriert rüberkommen. Das geschieht aber nicht von selbst.

An vielen großen Stränden der Weltmeere gibt es ‚Baywatch‘, Strandüberwachung und Seenotrettung. Alle ihre Stützpunkte haben sich am Anfang ganz auf diese Aufgabe konzentriert. Viele haben sich aber im Laufe der Zeit auch zu schicken Yachtclubs und edlen Marinas entwickelt. Seither vergnügen sich dort reiche Leute mit ihren Yachten und feiern Parties. Sie denken nicht mehr an die frühere Leidenschaft, in Seenot Geratene und Untergehende zu retten, sondern beschäftigen sich nur noch mit sich selbst. Aber ganz ähnlich hat sich auch die Kirche fehlentwickelt. Sie war einmal spezialisiert auf Unfälle und Notfälle, hat sich aber schon bald immer weniger mit ihrer Hauptsache beschäftigt und vergessen, dass sie kein Yachtclub, sondern eine Lebensrettungsgesellschaft ist, und dass es sie eigentlich nur wegen dieser Mission gibt. Die Kirche ist nicht Selbstzweck, sondern eine Folge und ein Werkzeug der Sendung Gottes. In Jesus hat er sich in die Fluten der Zeit gestürzt und in seine Rettungsmission auch alle Glaubenden eingebunden. Diese Sendung gibt es nicht wegen der Kirche, sondern umgekehrt gibt es die Kirche wegen dieser Sendung. Sie ist ihr Existenzgrund. Und mittlerweile steht sie angesichts der Entwicklung ihrer Mitgliedszahlen offenbar vor der Alternative, entweder endlich wieder als ‚Menschenfischer‘ *(Mk 1,17)* zu den Untergehenden zu gehen, oder früher oder später selbst unterzugehen.

**Die Mission**

Die Motivation für die Mission bekommen Jesu Gesandte allerdings nicht in erster Linie von schlechten Statistiken, sondern wenn sie sich neu begeistern für das ‚Produkt‘, das nur sie haben: Die beste aller Botschaften: Das Evangelium. Wenn sie von ihm nicht überzeugt sind, sondern es bibelkritisch ‚zerklären‘, befolgen sie den bösen Ratschlag: „Siehst du im Moor die Schwiegermutter winken, winke zurück und lasse sie sinken." Das Team von Jesus kümmert, was ihn kümmert. Und das ist das Verlorene. Aber es gibt Auftragsverweigerung selbst in der Bibel bei der Berufung mancher Propheten. Nur der von einer Gotteserscheinung überwältigte Jesaja stellt sich Gott gleich zur Verfügung: *„Hier bin ich, sende mich" (Jes 6,8).* Schon der stotternde Mose meint hingegen zunächst: *„Wer bin ich? Ich kann nicht" (2 Mose 2,11ff)!* Der lustlose Jona läuft sogar weg und bockt: „Was ich? Ich will nicht" *(Jona 1,2)!* Und der Amateur Amos fragt: „Warum ich? Ich darf doch nicht" *(Am 6,14)!*

Der überforderte Jeremia protestiert: „Ohne mich! Ich kann nicht" *(Jer 20,7ff)!* Auch heute gibt es Ausreden: Zum Beispiel: Wir sind für die Mission noch nicht genug gerüstet. Bevor wir uns um die Verlorenen kümmern, müssen wir uns erst einmal um uns selbst kümmern. Dabei hat Jesus ausdrücklich das eine verlorene Schaf über die Herde mit den neunundneunzig Bewahrten gestellt *(Lk 15,3)*. Trotzdem wird sogar grundsätzlich eingewendet: Mission ist nicht mehr zeitgemäß. Sie widerspricht der Toleranz. Religion ist Privatsache. Seinen Glauben sucht man sich heute selbst aus. Manche Glaubende haben den Zugang zu Verlorenen völlig verloren. Sie kennen schlicht und einfach keine mehr wirklich. Sonst würden sie bemerken, wie sehr sich diese Welt bewusst oder unbewusst nach dem Evangelium sehnt.

Darum bittet Paulus Gott für seinen Schüler und Mitarbeiter Philemon: *„Ich bete, dass du aktiv bist darin, deinen Glauben anderen mitzuteilen, damit! du ein volles Verständnis hast all des Guten, das wir in Christus haben" (Phlm. 6 in eigener Übersetzung)*. Philemon hatte offenbar in seinem Umfeld viel zu wenig über seinen Glauben gesprochen. Darum erinnert ihn Paulus jetzt an diesen Auftrag. Die *E*rkenntnis von Christus steht nicht unbedingt *vor* dem *B*ekenntnis zu Christus, sondern sie wächst am stärksten *beim B*ekenntnis zu Christus. Glaubende müssen also nicht erst geistlich gereift sein, um missionieren zu können, sondern sie kommen gerade bei der Mission selbst am meisten vorwärts.

So wie Jesus sollen auch seine Gesandten bekannt sein als Bekannte von Sündern, damit diese gewonnen werden können! Aus diesem Grund ist die Gemeinde Jesu von Anfang an designed, entworfen nicht zuerst für Insider, sondern für Outsider. Aber um fernstehende Menschen für Jesus zu gewinnen, sollten die Gesandten von Jesus keine Mühen scheuen, sondern bereit sein, auch einmal unkonventionell aufzutreten, ein paar Lasten zu tragen und sogar ein paar

Regeln zu brechen. So wie die vier Unaufhaltsamen und Unermüdlichen in der Heilungsgeschichte *(Mk 2,1-12)*, die ihren gelähmten Freund mühsam über ein Loch im Dach des wegen Jesus völlig überfüllten Hauses, also mit einer Sachbeschädigung, heruntergelassen und Jesus dort direkt zur Heilung vor die Füße gelegt haben. Oder wie Johannes der Täufer, der gerade durch seinen Lebensstil mit einem unkonventionellen Gewand, Speiseplan und Auftreten Aufsehen erregt und Jesus den Weg zu den Verlorenen gebahnt hat *(Mt 3,4+5)*. Wie kommen Menschen heute zum Glauben? Am häufigsten über Beziehungen, hat eine einschlägige Studie gezeigt.[20] Trotzdem ist die Verkündigung des Evangeliums auch für glaubensrelevante persönliche Begegnungen unverzichtbar. Es reicht auch nicht aus, lediglich implizit, irgendwie in mit und unter etwa dem Titel ‚Lebensveränderung' nebenbei zu evangelisieren. Jesusbegeisterte missionieren explizit, offen mit dem Hinweis auf den Anspruch Gottes auf das ganze Leben. Und sie geben den Eingeladenen auch die Gelegenheit, darauf zu reagieren. Dazu sollten Glaubende aber in der Lage sein, das Evangelium in aller Kürze verständlich und umfassend sinngemäß etwa so zu präsentieren: Der Dreh- und Angelpunkt des Evangeliums ist das Geliebtsein des Menschen von Gott. Im Evangelium ist jedoch der Ausgangspunkt des Menschen sein Getrenntsein von Gott. Der Mittel- und Wendepunkt des Evangeliums ist darum das Gerettetsein des Menschen von Gott durch Christus aus Gnade und durch Glauben. Und sein Ziel- und Höhepunkt ist das Geladen- und Gekommensein des Menschen zu Gott. Das ist die Botschaft. Sie ist ein Schatz, den nur die Gesandtschaft von Jesus hat. Damit evangelisiert sie, denn es ist die Bestimmung und das Recht aller Menschen, Gott zu kennen.

---

[20] M. Herbst: Institut zur Erforschung von Evangelisation und Gemeindeentwicklung Greifswald: Wie finden Erwachsene zum Glauben?

Und es ist die Verantwortung der Glaubenden, ihre Generation mit dem Evangelium zu erreichen. Alle, die Jesus nachfolgen, sollen in der Glaubensgeschichte anderer eine Rolle spielen. Das ist eine Herausforderung, aber auch ein Vorrecht und die beste Gelegenheit, Jesus gegenüber Dankbarkeit für sein Heil auszudrücken. *„So sind wir nun Botschafter an Christi statt, denn Gott ermahnt durch uns; so bitten wir nun an Christi statt: Lasst euch versöhnen mit Gott" (2 Kor 5,20)!* Evangelisation liegt in der Natur der Sache des Evangeliums, aber auch im Interesse seiner Adressaten in auswegloser Lage ohne Christus und ohne Hoffnung. Gott *„will, dass allen Menschen geholfen werde und sie zur Erkenntnis der Wahrheit kommen" (1 Tim 2,4). „Und in keinem andern ist das Heil, auch ist kein andrer Name unter dem Himmel den Menschen gegeben, durch den wir sollen selig werden" (Apg 4,12).*

Wie Gott seinen Zeitplan einhält, und wann Jesus wiederkommt, hängt auch davon ab, ob seine Leute den Dienst der Mission übernehmen. *„Der Herr verzögert nicht die Verheißung, wie es einige für eine Verzögerung halten; sondern er hat Geduld mit euch und will nicht, dass jemand verloren werde, sondern dass jedermann zur Buße finde" (2 Petr 3,9).* Aber bereits eine einzige Bekehrung sorgt für Begeisterung im Himmel *(Lk 15,7)*. Und dort werden sich viele zum Glauben an Jesus Gekommene treffen und über die Wirksamkeit ihres Zeugnisses staunen.

Die Gesandten haben also gute Gründe, ihren Glauben zu bezeugen. Und sie dürfen erwarten, dass auch ihre Adressaten die frohe Botschaft beherzigen. Das Evangelium ist nämlich universal und hat die Kraft, sogar Milieugrenzen aufzubrechen. Seine Weitergabe ist keine mission impossible, kein unmöglicher Auftrag, für den sein Inhalt der jeweiligen Zeit anzupassen wäre. Die Mission ist auch unter sich ändernden Bedingungen verheißungsvoll, weil das Evangelium das

Wort Gottes ist, das sich niemand selbst sagen kann. Ein Gespräch über den Glauben könnte zum Beispiel einmal mit folgendem Gedankenspiel des französischen Mathematikers und christlichen Philosophen Blaise Pascal (1623-1662) beginnen: Niemand kann beweisen, dass Gott existiert. Aber auch das Gegenteil kann niemand beweisen. Wenn ich an Gott *nicht* glaube, und er existiert auch *nicht*, dann ist das egal. Es ist nichts gewonnen, aber auch nichts verloren. Ebenso wenn ich an Gott *glaube*, und er existiert nicht. Es hat keine großen Auswirkungen. Wenn ich hingegen an Gott *glaube*, und er existiert *tatsächlich*, dann profitiere ich und stehe auf der sicheren Seite. Aber wenn ich an Gott *nicht* glaube, *obwohl* er existiert, dann habe ich mich gründlich verkalkuliert und ein Problem mit ernsten Konsequenzen. Vernünftiger Weise sollte also niemand die Existenz eines Gottes von vornherein ausschließen, sondern sich gleich auch die Frage stellen, wer Jesus ist. Alle drei möglichen Antworten haben zu tun mit seinem Anspruch, der Sohn Gottes zu sein. Den hat er ja nie zurückgenommen. Deshalb ist Jesus entweder ein Spinner, aber dann brauche ich mich nicht weiter um ihn kümmern. Oder er ist ganz bewusst ein Lügner. Aber dann ist auch klar, dass ich mich nicht von ihm verführen lassen darf. Folglich bleibt nur übrig: Jesus sagt die Wahrheit. Aber dann muss ich mich mit seinem Anspruch auseinandersetzen.

Allerdings ist durch solche Argumentationen noch nicht die viel wichtigere Klarheit darüber gewonnen, *wer* Gott ist, und wer er *für mich* sein will. Außerdem hat der Unglaube meistens keine intellektuellen, sondern existentielle Gründe. Die Frage ist nicht, ob jemand glauben kann, sondern ob er es will. Der Unglaube sitzt nämlich nicht im Denken, sondern im Herzen und kann darum auch nur dort überwunden werden. Aber es ist für einen Glaubenden nicht schlecht, zu wissen, dass Glauben nicht irrational ist und nicht erst dort beginnt, wo das Denken aufhört. Letztlich geht es jedoch nicht darum, wer in einem Gespräch über den Glauben die besseren Argumente hat, sondern um die Bereitschaft, sich auf eine Beziehung zu Gott, die den ganzen Menschen ergreift, einzulassen. Alle Menschen haben ja die gleichen Sehnsüchte und Fragen. Es gibt so etwas wie eine humane Konstante, an die das Evangelium anknüpfen kann. Aber die Gottesfrage gehört dabei vor die Jesusfrage, damit man mit der Jesustür nicht plump ins Haus fällt und geschöpfliche Andockstellen nicht überspringt. Und ist dann auch das ungestillte Bedürfnis und die verborgene Not im Glaubensgespräch erst einmal angesprochen, dann ist auch der Schlüssel zum Herzen gefunden, und es kann die eigene Hoffnung bezeugt und die eigene Geschichte erzählt werden: *„Seid immer bereit, Rede und Antwort zu stehen, wenn jemand fragt, warum ihr so von Hoffnung erfüllt seid" (1 Petr 3,15 GNB).*

**Die Methode**

Wie geht das praktisch? Ich kann meine Hoffnung anderen bezeugen, wenn ich sie auch lebe. Ein Zeugnis ist immer gewissermaßen audio visuell. Ich bringe nicht nur eine Botschaft, ich bin selbst ein Teil davon. Wenn gottferne Nachbarn, Bekannte, Freunde, Arbeitskollegen etwas an mir sehen, was ihnen gefällt, werden sie auch hören, was ich dazu sage. Im Idealfall sollte ich so leben, dass andere fragen, wie das möglich ist, und was das bei mir ist, was sie bei sich vermissen. Bevor Jesus oder die Bibel anderen real und glaubwürdig erscheinen, muss *ich* ihnen real und glaubwürdig vorkommen. Ich kann keine Feinde, sondern immer nur Freunde zu Jesus führen. Wenn ich zum Beispiel noch nie mit meinen Nachbarn über das Wichtigste in meinem Leben, den Glauben, gesprochen habe, ist es oft besonders schwer, das nachzuholen. Aber besser ein verspäteter Versuch als ein vermeidbarer Verlust von vornherein. Ich könnte ja einfach einmal vorbeischauen, klingeln und so anfangen: „Ich bin gekommen, um mich bei Ihnen zu entschuldigen." Die Nachbarn werden verblüfft fragen: „Wofür denn?" Und ich kann dann antworten: „Dafür, dass ich nicht schon viel früher mit meiner größten Entdeckung zu Ihnen gekommen bin." Ich denke, dass dieser ‚Eisbrecher' zu einem Gespräch über den Glauben wahrscheinlich sogar bei Kaffee und Kuchen führen wird. Vor allem wenn ich mich nicht ganz dumm anstelle, sondern ein paar Dinge dabei beachte: Ich werde zum Beispiel nur dann von anderen verstanden, wenn ich auch sie verstehen will. Grundvoraussetzung ist darum auch für ein Glaubensgespräch die Bereitschaft, zuzuhören und die Fähigkeit, gute, motivierende, offene Fragen zu stellen, um dann in dieser Atmosphäre auch in aller Kürze die eigene Glaubensgeschichte zu erzählen. Wer war ich ohne Jesus? Wie habe ich zu Jesus gefunden? Was hat sich dadurch bei mir verändert? Was habe ich vom Christsein? Eine intellektuelle Diskussion überfordert mich vielleicht, aber mein Zeugnis muss ich nicht fürchten. Meine Glaubensgeschichte kann mir ja niemand streitig machen. Sie ist der sogar hochwertigere Ersatz für den weder nötigen noch gelingenden Gottesbeweis im Glaubensgespräch. Meine Glaubensgeschichte hat eine ganz besondere Autorität. Nur ich weiß, ob sie, beziehungsweise, dass sie stimmt. Und mein Zeugnis muss nicht spektakulär, sondern nur authentisch sein. Echtheit gewinnt. Aber auch Mitgefühl und Opferbereitschaft gewinnen vor allem in konkreter Form von Zeit oder Hilfestellung. Mein Zeugnis sollte zum Schluss einmünden in eine Einladung: Komm und sieh! Zum Beispiel einen Gottesdienst. Die Anbetung Gottes dort kann Bekehrung bewirken. Aber Interessierte dazu einladen, sollte einschließen, sie auch abzuholen, also mitzubringen. Was ist die Missionsstrategie? Ich bitte Gott um Gelegenheiten, aber auch darum, diese Gelegenheiten dann so zu nutzen, dass ich sie nicht vermassele: *„Betet zugleich auch für uns, dass Gott uns eine Tür für das Wort auftue und wir das Geheimnis Christi sagen können, ... damit ich es offenbar mache, wie ich es sagen muss. Verhaltet euch weise gegenüber denen, die draußen sind, und kauft die Zeit aus. Eure Rede sei allezeit freundlich und mit Salz gewürzt, dass ihr wisst, wie ihr einem jeden antworten sollt"* *(Kol 4,3-6)*. Was ist eine freundliche und mit Salz gewürzte Rede? Ein Glaubensgespräch kann gelingen, wenn ich demütig und rücksichtsvoll auftrete, und statt rechthaberisch und schulmeisterlich auf meiner Überzeugung und einem Wahrheitsmonopol zu bestehen, mich selbst auch in Frage stellen lasse. Wenn ich Rücksicht nehme auf die Gefühle meines Gegenübers, komme ich nämlich auch in der Sache besser vorwärts. Ich kann mir auch den Versuch sparen, die Kirche und ihre Fragwürdigkeiten in Schutz zu nehmen. Vor allem aber darf ich wissen: Ich muss Gott nicht verteidigen. Das kann und macht er selber besser. Ich bin über Widerspruch, oder sogar Verschlossenheit und Ablehnung nicht enttäuscht, weil sich dahinter nur allzu verständliche Angst vor Entscheidungen und Konsequenzen des Glaubens verbergen kann, und gebe daher gerne Bedenkzeit. Glaubende sind meistens fest überzeugt von der Stimmigkeit ihrer Weltanschauung.

Sie sollten sich aber auch vorstellen, wie anstrengend es für einen Menschen ohne Jesus sein muss, im Gegensatz zur Wirklichkeit zu leben, das heißt zwischen den eigenen nicht christlichen Denkvoraussetzungen und deren logischen Konsequenzen. Jemanden davon abbringen zu wollen, ist allerdings weder sinnvoll noch notwendig. Verheißungsvoller ist vielmehr, die Skepsis des Unglaubens miteinander konsequent zu Ende zu denken, und dabei unweigerlich auf Widersprüche dazu im eigenen Leben zu stoßen. Niemand kann nämlich konsequent ungläubig sein! Die Aufdeckung dieser

Widersprüche könnte dann ganz behutsam das ‚Schutzdach,‘ den Panzer, hinter dem alle skeptisch Verschlossenen sich verschanzen, entfernen und einen uwachs an Offenheit für das Evangelium bringen.[21] Das funktioniert aber nicht mit Druck und nicht mit Fragen, die niemand stellt. Es lohnt sich, dabei auf den biblischen Wortlaut des einfachen Evangeliums zurückzugreifen und zwar ohne Scheu vor dem sperrigen Begriff ‚Sünde‘. Andere als Ersatz dafür vorgeschlagene menschliche Grundproblematiken anderer Kulturkreise wie ‚Scham‘, ‚Furcht‘ oder ‚Ohnmacht‘ lösen ihn nicht ab, sondern er schließt sie ein: *„Sie sind allesamt Sünder und ermangeln des Ruhmes, den sie bei Gott haben sollten, und werden ohne Verdienst gerecht aus seiner Gnade durch die Erlösung, die durch Christus Jesus geschehen ist"* (Röm 3,23+24). *„Denn der Sünde Sold ist der Tod; die Gabe Gottes aber ist das ewige Leben in Christus Jesus, unserm Herrn"* (Röm 6,23). *„Denn wer den Namen des Herrn anrufen wird, soll gerettet werden"* (Röm 10,13).

**Der Modus**

Im Mittelpunkt des Evangeliums steht die Überzeugung, dass sich niemand die Gunst Gottes erst erwirken muss. Obwohl die Frage, was Gott für den Eintritt in den Himmel geboten werden müsste, für ein Glaubensgespräch durchaus interessant sein könnte. Gott hat aber den Spieß umgedreht und wirbt seinerseits um die Gunst des Menschen. Darum hat alles missionarische Handeln der Gesandtschaft Jesu ohne Akte von Überwältigung, also grundsätzlich demütig und höflich im Modus der Bitte zu erfolgen. *„So bitten wir nun an Christi statt: Lasst euch versöhnen mit Gott"* (2 Kor 5,20)! Die Art und Weise des Bittens kann allerdings

---

[21] Vgl. F. Schaeffer: Gott ist keine Illusion, Wuppertal 1974[3] 132-155

durchaus unterschiedlich sein. Der Stil, das Evangelium zu kommunizieren, ist abhängig auch vom individuellen Charakter der Gesandten. Jemand bezeugt seinen Glauben *intensiv konfrontativ* wie der Apostel Petrus, der in seiner Pfingstpredigt zur sofortigen Bekehrung aufgefordert hat *(Apg 2,14-40)*. Oder *kognitiv argumentativ* wie der Apostel Paulus in Athen, der Hochburg der Philosophie *(Apg 17,16-31)*, und wie der Diakon Stephanus in Jerusalem, dem Zentrum der Religion. Beide haben über den Glauben diskutiert und Streitgespräche geführt *(Apg 6,8-7,60)*. Oder *situativ plakativ* wie der geheilte Blinde, der selbst der beste Beweis war für seine Heilung durch Jesus *(Joh 9,1-38)*. Oder *intuitiv narrativ* wie die Samariterin von Sychar, die gleich ihrem ganzen Dorf von ihrer Begegnung mit Jesus am Brunnen erzählt hat. *(Joh 4,5-36)*. Oder schließlich *diakonisch karitativ* wie Tabita, die durch den Dienst ihrer Fürsorge ihren Glauben bezeugt hat *(Apg 9,36-43)*.

Das Woher und Wohin, das Um und Auf der Mission aber ist immer eine einladende Gemeinde. Leider verhindern heutzutage neben ihren Kommstrukturen, vermehrt Ekelschranken von Milieugrenzen von vornherein die Teilnahme an ihren Programmen. Das würde aber bedeuten, das Kommen Kirchendistanzierter erst gar nicht mehr zu erwarten, und statt sie abholen zu wollen, regelrecht zu ihnen in ihr Viertel zu ziehen, um dort mit ihnen Gemeinde neu nach ihrer Art zu bilden und zu leben. Ob Bekehrung dabei als Punkt oder als Prozess begriffen wird, ist unerheblich. Wenn es nur ein eindeutiges Vorher und Nachher, also einen Unterschied zwischen dem alten und dem neuen Leben gibt. Es ist hilfreich, wenn eine Bekehrung datierbar ist. Und noch jeder Prozess beginnt und endet an einem Punkt. Aber der geistliche Geburtstag, benötigt nicht unbedingt einen Eintrag im Kalender. Ein Weg ist diese Erfahrung allemal. An der Ostergeschichte von den zwei sogenannten ‚Emmausjüngern'

*(Lk 24,13-35)* lässt sich das verdeutlichen: Der Glaubensweg beginnt mit einer *Leiderfahrung*. Bei den Emmausjüngern war das der Tod ihres Hoffnungsträgers. Der Glaubensweg geht aber weiter mit einer *Begleiterfahrung*. Der auferstandene Jesus ist schon eine ganze Zeit lang unerkannt mit den beiden unterwegs. Der Glaubensweg setzt sich dann fort mit einer *Seelsorgeerfahrung*. Jesus lässt Kleopas und seinen Begleiter sich aussprechen und hört ihnen geduldig zu. Der Glaubensweg führt weiter zu einer *Bibelerfahrung*. Herzerwärmend erklärt Jesus den beiden Gottes Wort, vor allem das vom Kreuz. Der Glaubensweg mündet schließlich in eine doppelte *Einladungserfahrung*. Die Emmausjünger laden Jesus ein: „Herr, bleibe bei uns, denn es will Abend werden, und der Tag hat sich geneigt" *(Lk 24,29)*. Jesus dreht dann im Gasthaus in Emmaus den Spieß um und teilt selbst wie der Gastgeber das Brot aus, wohl zum Erweis des Ineinanders von Punkt und Prozess bei jeder Bekehrung. Der Glaubensweg gipfelt zum Schluss in einer *Ostererfahrung*, in der Erkenntnis des Auferstandenen, die alles verändert. Und diese Erfahrung enthält bereits den Keim und den Impuls, davon weiterzuerzählen. *„Wes das Herz voll ist, des geht der Mund über"* *(Mt 12,34)*. Vom Glauben ganz natürlich in Bildern aus dem eigenen Leben sprechen und inspiriert damit rüberkommen wie Jesus: „Mir nach!"

**Fragen zum Nachdenken und zum Gespräch:**

Wie sehr liegt mir und meiner Gemeinde
das Verlorene am Herzen?

Was hindert mich, meinen Glauben zu bekennen?

Wie kann ich meine Fähigkeiten und Möglichkeiten,
über meinen Glauben zu sprechen, erweitern?

# 11.

## Die Zeichen der Zeit erkennen - wie Jesus

Couragiert durchkommen:
Risiko und Spaß
Schwund und Schwere

S. Dali: Zerrinnende Zeit          E. Munch: Der Schrei

Wenn die von Jesus Berufenen ihren Glauben ihrer Zeit bezeugen sollen, dann müssen sie wissen, was das für eine Zeit ist, in der sie leben, bestimmt die Zeit doch ganz wesentlich die Rahmenbedingungen, unter denen der Auftrag ausgeführt wird, und wie es mit der Sache Gottes weitergeht. Darum hat Jesus mit seinem Team auch ausführlich über die Zukunft gesprochen. Seine ‚Azubis' sollten wissen, woran sie erkennen können, was kommt. In seiner ‚Endzeitrede' hat Jesus so Verschiedenes kommen sehen wie weithin erkaltende Liebe, falsche Propheten, alle Arten Katastrophen, bezeichnet jedoch als Geburtswehen der neuen Welt, sowie die Vollendung der Weltmission. Vor allem aber hat er seine sichtbare Wiederkunft am Ende der Zeit angekündigt *(Mt 24+25)*. Was die Uhr heute geschlagen hat, zeigt eine Zeitanalyse. Darum fragen wir jetzt: Wovon wird unsere Zeit bestimmt, und wie stehen Gläubige dazu? „Schlimmer kann es nicht mehr werden", meint der Pessimist. Und der Optimist entgegnet: „O doch! Wir werden betteln gehen müssen." Und der Pessimist fragt zurück: „Bei wem?" Was hier im Spaß gesagt wird, bestätigt der Soziologe: Wir leben in unsicheren Zeiten. Aber wir können couragiert durchkommen.

**Risiko und Spaß**

Ulrich Beck zum Beispiel formuliert, was alle spüren: Wir befinden uns in einer ‚Risikogesellschaft'.[22] Das bedeutet: Es wird immer gefährlicher auf unserem Planeten. Je mehr wir aber uns und unsere Sachen aus der Gefahrenzone in Sicherheit bringen wollen, desto unsicherer wird alles gleichzeitig. Scheren öffnen sich: Je größer unsere Errungenschaften, desto schlimmer ihre Nebenwirkungen.

---

[22] U. Beck: Risikogesellschaft Auf dem Weg in eine andere Moderne, Berlin 1986[25]

Mühsam lernen wir, dass wir auch die andere, die negative Kehrseite unserer ‚Medaillen' beachten müssen. Durch die Globalisierung ist unsere Welt ein Dorf geworden. Aber unsere Vernetzung ist nicht nur eine Bereicherung, sondern auch eine Bedrohung. In Windeseile verbreitet sich zum Beispiel ein Virus über den weltweiten Flugverkehr. Durch die modernen Medien sind wir zwar in kürzester Zeit über alles informiert, wissen aber über immer weniger wirklich Bescheid und kennen den Unterschied zwischen beidem nicht mehr. Werbung, Propaganda und Fake News lassen uns sogar nachweislich konstruierte und gefälschte Wirklichkeiten für real halten. Ein besonders heikler Bereich ist die Gesundheit. Viele opfern sie der Karriere, damit sie einen Haufen Geld verdienen, um danach diesen Haufen Geld wieder zu opfern, damit sie ihre Gesundheit zurückbekommen. In unsicheren Zeiten leben wir *erbittert*. Verbissen suchen wir nach Lösungen für unsere Probleme, um die Wand zu erklettern und einen Ausweg zu ergattern. Laut Siegmund Freud (1856-1939) setzen uns außerdem drei Kränkungen und Erschütterungen unseres Selbstbewusstseins zu: Die kosmologische durch Nikolaus Kopernikus (1473-1543), der zeigte, dass wir nicht im Mittelpunkt des Weltalls stehen, sondern nach Jaques Monod (1910-1976) lediglich als „Zigeuner am Rande des Universums." Diese Position passt zu der biologischen Kränkung durch Charles Darwin (1809-1882), der behauptete, dass wir nur eine Phase der Evolution und aus dem Tierreich hervorgegangen sind. Die psychologische Kränkung lieferte Freud selbst. Er meinte, dass unser Ich aufgrund der Übermacht des Unbewussten nicht einmal in seinem eigenen Haus der Herr ist.[23] Das müssen wir erst einmal verkraften, haben wir doch als aufgeklärte Menschen davon geträumt, unseres Glückes Schmied zu sein.

---

23 S. Freud: Eine Schwierigkeit der Psychoanalyse, Wien 1917

Grenzenlos optimistisch dachten wir, jedes Rätsel früher oder später lösen, und als mündige, denkende und vor allem autonome Wesen unsere Biografie selbst entwerfen zu können. Mit unserem Know how kriegen wir alles hin. Alles Böse ist doch nur eine reparierbare Funktionsstörung. Eine jenseitige Wirklichkeit außerhalb der sichtbaren braucht und gibt es nicht. Gott ist überflüssig, und eine Begegnung mit ihm bedeutungslos. Inzwischen haben wir allerdings Zweifel an unserer Unabhängigkeit bekommen. Gott nicht brauchen bedeutet ja auch, ihn ersetzen und selbst an seine Stelle treten, jetzt selbst alle Unannehmlichkeiten bannen zu müssen. Das ist aber eine Überforderung, die dazu führt, dass wir uns, um zurechtzukommen und uns wohl zu fühlen, ins andere Extrem stürzen und uns ‚zu Tode amüsieren.'[24] Die Risikogesellschaft entwickelt selbst als ihr Gegenstück die ‚Spassgesellschaft'. Vor allem junge Leute ticken event- und fun-getaktet und meinen heute: Wenn das Leben schon so gefährlich ist, dann wollen wir wenigstens unseren Spaß haben und zwar jetzt gleich, am besten als Grenzerfahrung mit dem Kick bei etwas Lebensgefährlichem. Alles, was den Spaß bremst und stört, gehört beseitigt, alle Spielverderber, im Extremfall sogar ungeborene Kinder, Behinderte, Kranke, Alte. Aber wenn es nichts Höheres über dem Menschen mehr gibt, ist der Horizont weggewischt und ethische Orientierung verloren gegangen. Ohne letzte und höchste Instanz ist ein gesellschaftlicher Wertekonsens praktisch unmöglich. Wir wissen nicht mehr, wo wir herkommen, aber auch nicht, wo wir hingehen. Dabei ist der Schnee von gestern das Wasser von morgen. Und unsere Herkunft bestimmt unsere Zukunft. Karl Valentin fragte in einem Sketch zum Spaß: „Ach, bitte können Sie mir vielleicht sagen, wo ich hin will?" Es meldet sich also im Wechsel von Lust und Unlust ganz und

---

24 N. Postman: Wir amüsieren uns zu Tode, Frankfurt a. M. 1985

gar nicht lustig wieder die Verunsicherung. Sie ist unser vorherrschendes Lebensgefühl geworden. Marie von Ebner-Eschenbach dichtete: „Das eilende Schiff, es kommt durch die Wogen wie Sturmwind geflogen. Voll Jubel ertönt es vom Mast und vom Kiele: Wir nahen dem Ziele! Der Fährmann am Steuer spricht traurig und leise: Wir segeln im Kreise." Und Mark Twain meinte: „Als wir das Ziel aus den Augen verloren, verdoppelten wir die Anstrengungen." Wir leben in unsicheren Zeiten erbittert, aber auch *ernüchtert*. Unsere Technik, mit der wir auf die Natur losgingen, um sie zu enttabuisieren, zu entzaubern, wirkt auf uns zurück. Und die Natur schlägt auf einmal zurück mit immer schlimmeren Katastrophen des Klimawandels. An das zu seiner Erleichterung hingestellte Gestell seiner Technik, sieht sich der Mensch plötzlich selbst so hingestellt, dass er keine Kontrolle mehr darüber hat. Am Ende nimmt irgendeine künstliche Intelligenz ihn sich selbst ab. Und alles wird zum Funktionssystem: Die Gesellschaft, die Politik und auch die Kirche. Sie alle wirken nicht mehr, sondern funktionieren nur noch. Und der Treibstoff für das alles ist der Konsum. Als Lust am Vorläufigen schlägt er aber irgendwann in Langeweile um. Gelangweilt haben die zu Termiten mutierten Konsumenten ihr Rendezvous mit leerem, reinem Zeitvergehen.[25] Und mit der Langeweile, die ausgerechnet in den Konsumartikeln lauert, mit denen sie vertrieben werden soll, schließt sich der Teufelskreis von Risiko und Spaß, Erbitterung und Ernüchterung als Schlinge um den Hals des modernen Menschen.
Wie leben die Gesandten von Jesus in solchen Zeiten? Sie leben alarmiert, aber trotzdem *erleichtert*, weil sie gegen alle Weltuntergangsstimmung eine Hoffnung haben, die sich nicht nur in Zweckoptimismus erschöpft, sondern die sich richtet auf Gottes Reich und die Wiederkunft Christi.

---

[25] R. Safranski: Zeit, Frankfurt a. M. 2017 19f

Die aktuelle geistige Wetterlage macht ihnen die Verkündigung des Evangeliums nicht leicht, sondern ficht sie manchmal sogar an, es anzupassen und zu ermäßigen. Aber der Heilige Geist stupst sie dann, wenn der Zeitgeist sie einschläfert, denn sie haben im Evangelium einen ewigen Schatz, den die Welt nicht hat, nach dem sie aber große Sehnsucht hat. Die ‚Lehrlinge‘ von Jesus sind dann keine sauren Heringe, die sich angesäuert raushalten und säuerlich vom bösen Treiben der Welt zurückziehen, sondern die, wenn morgen die Welt untergeht, heute noch ein Apfelbäumchen pflanzen. Sie wissen, dass seit der alarmierenden Himmelfahrt Jesu ‚Endzeit‘ ist, weil Jesus seither jeden Tag wiederkommen kann. Mit Weitsicht unterscheiden sie das Vorletzte vom Letzten und erkennen mit Hilfe von Gottes Wort die Zeichen der Zeit. Geborgen im Letzten verbreiten sie Zuversicht im Vorletzten und sind in diesen unsicheren Zeiten nicht Fluchthelfer *aus* der Krise, sondern Bewährungshelfer *für* die Krise. Sie wissen, ihr Herr bestimmt, nicht sie selbst beschwören herauf, wann alles zu Ende geht, und wer die letzte Generation ist. Wegen der Klimakrise muss jetzt ja alles eiligst anders werden, aber nicht etwa zur Ehre des Schöpfers, sondern eigentlich nur, damit für alle alles beim Alten bleiben und weiter business as usual, Geschäftsgewinn gemacht und konsumiert werden kann wie eh und je. Diese hartnäckige Egozentrik jedoch verwandelt gut gemeinten Klimaschutz zwangsläufig in apokalyptische Klimapanik, die schon Jesus kommen sah. *„Denn wie es in den Tagen Noahs war, so wird auch sein das Kommen des Menschensohns. Denn wie sie waren in den Tagen vor der Sintflut - sie aßen, sie tranken, sie heirateten und ließen sich heiraten bis an den Tag, an dem Noah in die Arche hineinging; und sie beachteten es nicht, bis die Sintflut kam und raffte sie alle dahin, so wird es auch sein beim Kommen des Menschensohns" (Mt 24,37-39).* Das business as usual der

Belegschaft von Jesus besteht hingegen darin, die Endzeit auszukaufen *(Eph 5,16)* und der eigenen Generation noch so lange wie möglich Christus zu bezeugen. Gespannt und gelassen zugleich leben die Gesandten Jesu in der Gewissheit der Kirchenlieder: „So fürchten wir uns nicht so sehr" (Ein feste Burg ist unser Gott). „Gott sitzt im Regimente" (Befiehl du deine Wege). Aber auch diese Gelassenheit schwindet wie ein vom Himmel fallender Stern und zwar in dem Maße, wie die Theologie ihre eigene ‚Urkunde' und Karte zur Orientierung, die Bibel, als irrelevant für die Erkenntnis der Zeichen der Zeit diffamiert, oft nicht einmal aus wissenschaftlichen, sondern lediglich aus ideologischen Gründen mit Denkvoraussetzungen, die überhaupt nicht zu den Glauben heischenden biblischen Texten passen.

**Schwund und Schwere**

Nicht nur die Welt steckt dann in einer Krise. Auch der Glaube selbst fängt bedenklich an zu wackeln. Denn die Kirche traut sich schon länger nicht mehr, von Gott offensiv und konfrontativ götzenkritisch wie die biblischen Propheten *(Jes 45,18ff)* und Apostel *(Apg 14,14-17 17,24-31)* zu reden, sondern nur mehr inklusiv und unanstößig. Die seit der Geistesströmung der Aufklärung behauptete Unerkennbarkeit Gottes erlaubt der Theologie nur mehr uneigentliche, im übertragenen Sinn ‚gültige', allenfalls bildliche Aussagen über Gott. Das ist mittlerweile selbstverständlich geworden. Es wird in der Kirche über Gott oft nur noch gesprochen wie von vielen Hundebesitzern von ihrem Hund: Der tut nichts. Der beißt nicht. Der ist ganz lieb. Der will nur spielen. Schwierige biblische Erzählungen werden als Erfindungen betrachtet. Diese Quellenskepsis zwingt dann aber zur Suche nach einem plausiblen Grund dafür, warum die Bibel von etwas berichtet, das sich so überhaupt nicht ereignet hat.

Ein Geschichts- geschweige denn ein Gerichtshandeln eines lebendigen Gottes ist dem modernen Menschen nicht mehr zuzumuten. Aber auf dieser Schwundstufe, wo von Gott nur noch blass und trüb etwa als dem ‚absoluten Sein' die Rede ist, das die Welt im ‚materiellen Sein' hält, manövriert sich die Kirche selbst ins Abseits der Bedeutungslosigkeit. Dabei könnte sie in diesen Krisenzeiten den lebendigen Gott als echtes, höchstes Forum, als wirkliche oberste Instanz zur Sprache bringen, mit dem Evangelium die Gewissen schärfen und dringend notwendiges Verantwortungsbewusstsein gerade auch für Gottes geschundene Schöpfung erzeugen.

Aber der Glaube an den Schöpfer, der keine Illusion ist, und auch an Jesus Christus den Erlöser, der am Kreuz gestorben ist, leidet an endzeitlicher Schwindsucht. Und die Kirche schont sich. Sie liegt selbst als Patientin geschwächt von Realitäts- und Relevanzverlust auf dem Krankenbett. Sie hat den Schatz ihres Erstgeburtsrechts, den nur sie hatte, eingetauscht gegen das Linsengericht der Duldung in einer Nische der Privatheit, wo sie jetzt kleinere Brötchen bäckt. Und selbst in frommen Jüngerkreisen kann man sich die eigene Gemeinde heute immer weniger als ‚Licht-und-Salz-Kontrastgesellschaft' *(Mt 5,13-16)* und als Sauerteig, der den ganzen Teig durchsäuert, *(Mt 13,33)* vorstellen. Gesellschaftlichen Trends wie der Individualisierung und der Privatisierung aller Lebensbezüge entgegenzuwirken, oder Mauern soziologischer Milieus zu durchbrechen, traut man auch dort dem Evangelium kaum mehr zu. Von christlichem Interesse sind nur noch die Anknüpfungspunkte, die die gegenwärtige Kultur mit ihren unterschiedlichen Mindsets der frohen Botschaft bietet. Die Fragestellung ist mittlerweile umgekehrt: Ausgangspunkt ist nicht mehr die verändernde Kraft des Evangeliums, sondern der Mensch mit seinen Andockstellen. An die Stelle der Umwandlung durch das Evangelium ist weithin die Anpassung des Evangeliums an moderne Möglichkeiten, es zu transportieren, getreten. Die Durchdringung der Kultur damit ist nicht mehr vorgesehen. Heute ist man schon zufrieden, wenn Christen überhaupt einen Platz am Markt der religiösen Möglichkeiten ergattern, um ein bisschen mitreden und mit den anderen Playern dort konkurrieren zu dürfen. Die, die Jesus von ganzem Herzen nachfolgen, sind damit nicht zufrieden. Sie nehmen die Veränderung der gesellschaftlichen Rahmenbedingungen für ihre Mission wahr und ernst, reagieren aber darauf nicht defensiv mit Schwund, sondern offensiv mit Schwere, mit dem ganzen Gewicht ihres Auftrages. *„Und das Evangelium muss zuvor gepredigt werden unter allen Völkern" (Mk 13,10).* Jesu Gesandte beginnen, ihre Tagesordnung an die von Gott anzupassen, auf der das Heil der Welt ganz oben steht. *„Trachtet zuerst nach dem Reich Gottes" (Mt 6,33)!* Sie beschließen, die Ablenkung von Gott loszulassen und sich auf seinen Auftrag neu einzulassen. Denn der Meister ermutigt seine ‚Lehrlinge‘, sich im Hinblick auf die Zukunft darauf zu verlassen: Er weiß, was kommt. Er geht jeden Schritt mit. Seine Verheißungen gelten weiter. Darum ihm vertrauen und gehorchen. Er trägt durch Versuchung und Verzweiflung und kümmert sich um jede Verletzung, sogar um Belohnung und schließlich um Vollendung. *„Denn Gott ist nicht ungerecht, dass er vergäße euer Werk" (Hebr 6,10).* Orientiert nicht am Zeitgeist, sondern voller Hoffnung mit Jesus in die Zukunft. Er deutet die Zeichen der Zeit: „Mir nach!"

**Fragen zum Nachdenken und zum Gespräch:**

Wie stark bin ich vom Zeitgeist beeinflusst?

Was traue ich dem Evangelium zu?

Was erwarte ich von der Zukunft?

# 12.

## Das Ziel erreichen - wie Jesus

Absolviert heimkommen:
Durchhalten
Von Neuem
Überwinden

Doktorhut

In großen Städten gibt es meistens im Frühjahr als Großereignis gestaltete Volksläufe oder Citymarathons.[26] Tausende Laufbegeisterte aller Altersstufen und Leistungsklassen nehmen daran teil. Wenn das Wetter passt, ist so ein Citymarathon ein richtiges Volksfest, vor allem am Anfang. Verrückte Typen in ausgefallenen bunten Sportdressen geben sich ein fröhliches Stelldichein. Dabei sein ist alles, und wenigstens das Ziel erreichen, egal wann. Alle sind voll motiviert und gut drauf. Alle haben ja auch für diesen großen Sporttag trainiert. Dann erfolgt der Startschuss. Jetzt macht das Laufen noch richtig Spaß. Alles ist gut.

Aber bald schon ändert sich das Bild. Das Teilnehmerfeld zieht sich immer mehr auseinander. Ein paar Übereifrige sind das Rennen zu schnell angegangen und machen bereits bei der ersten Verpflegungsstation schlapp. Andere Überanstrengte reißen sich zusammen und laufen trotz Krämpfen weiter, bis es überhaupt nicht mehr geht. Einige denken, sie müssen es schaffen, müssen aber doch kurz vor dem Ziel aufgeben und sich über die Straßenabsperrung übergeben. Nur die, die ihre Schwächeanfälle überwinden und an die Leistungsgrenze gehen, erreichen das Ziel, allerdings etliche nicht mehr gut gelaunt wie die durchtrainierten Profis mit neuer Bestzeit, sondern völlig fertig, weil das Rennen am Ende nur mehr eine einzige stupide Plackerei war.

Aber alle, die es geschafft haben, wissen im Ziel: So ein Marathonlauf wird nicht am Anfang gewonnen, sondern am Ende. Auf das Finish kommt es an. Nicht nur die erste Etappe zählt, sondern die letzte. Nicht nur wie jemand startet, ist wichtig, sondern dass auch nach hinten raus noch Kraft und Ausdauer für die letzten und schwersten Kilometer vorhanden ist. Ein 42,2 Kilometer langes Rennen durchziehen kann nur, wer bereit ist, sich zu überwinden. Das Gleiche gilt für

---

[26] Vgl. J. Ortberg: Das Leben, nach dem du dich sehnst, Asslar 2001[5] 217f

die Jüngerschaft. Im Neuen Testament wird sie mit einem Dauerlauf verglichen: *„Darum auch wir: Weil wir eine solche Wolke von Zeugen um uns haben, lasst uns ablegen alles, was uns beschwert, und die Sünde, die uns ständig umstrickt, und lasst uns laufen mit Geduld in dem Kampf, der uns bestimmt ist, und aufsehen zu Jesus, dem Anfänger und Vollender des Glaubens"* *(Hebr 12,1+2)*.

Die „Wolke von Zeugen" kann man sich als himmlisches Publikum vorstellen, als Arena der Überwinder, die es bereits geschafft haben, und die nun das Teilnehmerfeld gewissermaßen von der Tribüne aus anfeuern, den Lauf nicht abzubrechen. Unglücklicher Weise gibt es jedoch nicht nur eine „Wolke von Zeugen," sondern auch eine „Kurve der Gegner", die die Aktiven auspfeift und ihnen damit signalisieren will, dass sie es sowieso nicht schaffen werden.

Und viele Glaubende haben zwar verstanden, dass sie nicht als Zuschauer auf der Tribüne bleiben können, um anderen beim Glauben zuzuschauen. Sie sehen auch ein, dass die Voraussetzungen stimmen müssen, also dass sie nicht mit einem Herzfehler an den Start gehen, oder ohne Startschuss losrennen können, weil dann niemand weiß, ob es gilt. Sie wissen natürlich, dass sie nicht in voller Montur antreten können, sondern sich für das Rennen frei machen und Ballast ablegen müssen. Es ist ihnen auch klar, dass sie das Training nicht vernachlässigen und nicht in den Startlöchern hängenbleiben dürfen. Sie nehmen sich vor, das Ziel nicht aus den Augen zu verlieren und Tempo zu machen. Aber trotz ihres guten Starts kommen sie am Schluss nicht ins Ziel, sondern biegen vorher ab und geben auf. Warum? Weil sie die Strecke und den Gegenspieler Gottes, den ‚Diabolos', den Durcheinanderbringer nicht ernstgenommen haben. Wer beides unterschätzt, überschätzt sich. Wer nicht gerüstet ist, wird schwach. Wer sich auf teuflische Schwächeanfälle nicht vorbereitet, scheidet demoralisiert aus. Jüngerschaft ist kein

Kurzstreckenrennen und findet nicht im Traumland statt. Paulus fragt: *„Wer hat euch bezaubert, denen doch Jesus Christus vor die Augen gemalt war ... Ihr lieft so gut. Wer hat euch aufgehalten (Gal 3,1+5,7)?* Das zählt am Ende: Absolviert heimkommen.

## Durchhalten

Der Apostel wechselt das Bild vom Sport zum Militär, warnt vor dem „Diabolos" und erklärt, wie man sich gegen ihn wehrt: *„Zuletzt: Seid stark in dem Herrn und in der Macht seiner Stärke. Zieht an die Waffenrüstung Gottes, damit ihr bestehen könnt gegen die listigen Anschläge des Teufels. Denn wir haben nicht mit Fleisch und Blut zu kämpfen, sondern mit Mächtigen und Gewaltigen, nämlich mit den Herren der Welt, die in dieser Finsternis herrschen, mit den bösen Geistern unter dem Himmel" (Eph 6,10-12).*
Und dann stellt Paulus die Ausrüstung vor: Gegen die Lüge Satans zieht den Gürtel der Wahrheit fest! Gegen die Verzweiflung wegen seiner Anklage legt den alle empfindlichen Stellen schützenden Panzer der Gerechtigkeit an! Gegen boshaften Streit schlüpft in die Schuhe des Friedens rein! Gegen teuflisches Misstrauen haltet den Schild des Glaubens hoch! Gegen dunkle Gedanken setzt den Helm des Heils auf! Und als einzige offensive Waffe setzt das Schwert des Geistes ein, *„welches ist das Wort Gottes" (Eph 6,13-17).*
Ein ,Schützling' Jesu widersteht dem Bösen mit dem Wort Gottes, so wie er selbst bei seiner Versuchung in der Wüste den Teufel jeweils mit einem Bibelzitat konterte und sich nicht aus der Verbindung mit seinem himmlischen Vater hinausdrängen ließ *(Mt 4,1-11).*
Als ,Prüfling' Jesu beugt er dem Ernstfall und bereitet sich auf ihn vor. Nicht mehr ,Neuling' bei Jesus, weiß er, was bei einer Anfechtung passiert: Vom ,Firmling' aus betrachtet ist

sie eine Versuchung. Der Versucher verfolgt dabei das Ziel, ihn von Jesus zu entfernen. Von Gott aus betrachtet ist eine Anfechtung eine Erprobung mit dem Zweck der Bewährung. Denn eine Anfechtung bietet ja nicht nur die Gelegenheit, falsch, sondern auch richtig zu reagieren. Sie muss nicht Stolperstein, sondern kann auch Trittstein werden. Darum: *„Selig ist der Mann, der die Anfechtung erduldet; denn nachdem er bewährt ist, wird er die Krone des Lebens empfangen, die Gott verheißen hat denen, die ihn lieb haben. Niemand sage, wenn er versucht wird, dass er von Gott versucht werde. Denn Gott kann nicht versucht werden zum Bösen, und er selbst versucht niemand" (Jak 1,12+13).* Angefochtene beobachten bei sich, dass eine Anfechtung von innen nach außen verläuft: Sie verspüren eine durchaus berechtigte Sehnsucht, die jedoch auf falsche Weise und zur falschen Zeit mit einer Abkürzung gestillt werden will. Sie bekommen Zweifel an dem, was Gott dazu in der Bibel gesagt hat, glauben die Lüge, gehen schließlich den Schritt weg von Gott, haben dann aber ein schlechtes Gewissen und sich meistens gewaltig getäuscht in dem versprochenen Gewinn.[27] Wie kann ich Prüfungen bestehen?

Von vornherein meide ich gefährliche Situationen und hüte mich, mit dem ‚Bösen' über das Böse zu diskutieren. Wenn eine Anfechtung ‚anruft', gehe ich am besten gar nicht erst ran, beziehungsweise lege gleich wieder auf, denn was meine Aufmerksamkeit hat, hat mich. Und wenn ich schwach geworden bin, stehe ich wieder auf und bitte Gott um Vergebung und um zukünftige Bewahrung. Komme ich allein nicht zurecht, nehme ich seelsorgerliche Hilfe bei einer Aussprache und beim ‚Gnadenmittel' der Beichte in Anspruch. Sie beendet alle Selbstüberschätzung und Selbstgerechtigkeit, und führt aus dem Dunkel von Selbstvorwürfen

---

[27] Vgl. Kap. 3 34ff

und Verzweiflung in das Licht von Vergebung und Frei-
spruch.[28] Dieses Licht deckt zwar auf, stellt aber nicht bloß,
sondern tut wohl, denn es macht den Kindern Gottes den
Weg hell und klar. Worüber ich nicht sprechen kann, das
bleibt verborgen und ist in Wahrheit außer Kontrolle. Darum
lieber in der Beichte bei Jesus sündig als beim Teufel mit
dunklen Geheimnissen ‚heilig' sein. Und es tröstet, dass
schon Jesus zu kämpfen hatte: *„Denn wir haben nicht einen
Hohenpriester, der nicht könnte mit leiden mit unserer
Schwachheit, sondern der versucht worden ist in allem wie
wir, doch ohne Sünde"* (Hebr 4,15).
Beim geistlichen ‚racing' meines Glaubensmarathons soll
mir nicht die Luft und die Kraft ausgehen. Ich will auch
nicht nur herumkurven, sondern die Kurve kriegen, den Kurs
erfolgreich absolvieren und qualifiziert mit bestandener Prü-
fung einmal zu Gott heimkommen. Darum beginne ich jeden
Tag mit einer geistlichen Tankfüllung aus Gottes Wort und
stärke mich und meine Batterien auch zwischendurch an der
Labe- und Ladestation des Gebets. Ich beachte die Anzeigen
und Warnlichter, befrage die biblische Betriebsanleitung,
kümmere mich um die Löcher in meinen Tanks, achte darauf, nicht überladen zu sein, beschleunige nicht zu schnell
und lasse mich nicht hetzen, denn ich kenne meine Kapazi-
tätsgrenzen. Ich weiß: Je angestrengter ich unterwegs bin,
desto früher geht mir der Treibstoff aus. Darum plane ich mit
Pausen, Puffern und Polstern.
Und ich lasse mich von Jesus einladen wie der Langstre-
ckenläufer zum Verpflegungsstand: *„Kommt her zu mir, alle,
die ihr mühselig und beladen seid; ich will euch erquicken.
Nehmt auf euch mein Joch und lernt von mir; denn ich bin
sanftmütig und von Herzen demütig; so werdet ihr Ruhe finden für eure Seelen. Denn mein Joch ist sanft, und meine*

---

[28] Vgl. Kap. 6 74

*Last ist leicht"* (Mt 11,28-30). Ich gebe die Zügel meines Lebens aus meiner Hand, lege sie in seine Hand und berge mich ganz praktisch im Schutz meiner Gemeinde und in der Geborgenheit eines ihrer Hauskreise. Die stabilisiert mich, damit mich geistliche Fliehkräfte wie Schicksalsschläge, Verzagtheit und Einsamkeit nicht aus der Mitte der Konzentration auf Jesus wegziehen und meinen Glauben ins Schleudern bringen. Eine einmalige Glaubensentscheidung garantiert eben nicht auch dauernde Glaubenstreue. Es gibt Jesusleute, die sliden und driften mit ihrem geistlichen Leben und rutschen immer weiter von Jesus weg. Sie entfernen sich von ihm meistens nicht auf einen Schlag, sondern in vielen, kleinen einzelnen Schritten.

Aber geistliche Fliehkräfte können auch überwunden werden: Ich beschließe, dem Herrn neu zu dienen, für ihn da zu sein und zu seiner Ehre zu leben und sage es ihm. Und wenn ich dann einzelne Glaubensschritte gehe, finde ich zu neuer ganzer Hingabe an ihn. Die Frage ist nicht mehr, wie weit ich mich als ,Azubi' von meinem Meister entfernen kann, sondern wie ich ihm näher kommen und in seiner Gegenwart bleiben kann. *„Eines bitte ich vom Herrn, das hätte ich gerne: dass ich im Hause des Herrn bleiben könne mein Leben lang"* (Ps 27,4). Was ist das Eine, das ich von Gott erbitten will? Was ist das Eine, das ich aus dem Weg räumen muss? Was ist das Eine, das ich loslassen soll? Was ist das Eine, das ich beherzigen darf?

Meine Antworten auf diese Fragen hängen auch davon ab, welche Vorstellung ich überhaupt vom Christsein habe. Ist es nur ein Accessoire, das dabei hilft, dass es mir gutgeht, oder erfasst und bestimmt es mich durch und durch? Die Umdeutung der biblischen Rechtfertigungslehre wirkt sich mittlerweile auch auf die Vorstellung von Jüngerschaft und Nachfolge aus. Statt wie Martin Luther nach einem gnädigen Gott und nach der Vergebung der Sünden zu suchen, rechtfertigt man sich heute selbst, setzt einen gnädigen Gott immer schon voraus und fragt nur noch danach, wie man sich selbst bejahen und Annahme von Mitmenschen bekommen kann. Auf diesem Hintergrund hat es ein Jüngerschaftsprogramm, das auf permanente Transformation des Lebens aus ist, natürlich schwer. Warum soll ich mich ändern, wenn ich sowieso angenommen werde, wie ich bin? Dietrich Bonhoeffer nannte das „billige Gnade ohne Nachfolge". Die Rechtfertigung des Sünders wird dabei mit der Rechtfertigung der Sünde verwechselt wird. Der billigen Gnade hielt Bonhoeffer entgegen, „dass die Nachfolge Jesu nicht verdienstliche Sonderleistung Einzelner, sondern göttliches Gebot an alle Christen ist." Und er verzahnte Zuspruch und Anspruch des Evangeliums miteinander: „Nur der Glaubende ist gehorsam, und nur der Gehorsame glaubt."[29]

**Von Neuem**

Wenn ich dieses geistliche Prinzip verstanden habe, werde ich mit neuer Entschlossenheit und Konsequenz Jesus folgen und aufhören mit meinen Ausreden: „Ich habe nicht, was es kostet. Ich habe das schon oft vergeblich versucht. Ich habe keine Kontrolle über die Dinge. Ich habe keine Kenntnis der Zukunft." Ich muss Christusähnlichkeit ja nicht aus eigener Kraft schaffen. Ich darf die Vergangenheit ruhen lassen. Ich kann das Unkontrollierbare und überhaupt das, was kommt, getrost Gott überlassen. Ich starte neu, denn wenn mir auch nicht alle Schlüssel zu Verfügung stehen, so kenne ich doch den, der den Generalschlüssel für alle Sperren hat. Mein Scheitern stempelt mich nicht mehr als Versager, sondern macht mich zum Erfinder, der gerade aus seinem Scheitern lernt, immer mehr Gottes Willen zu tun. Aber was ist Gottes

---

[29] D. Bonhoeffer: Nachfolge, München 1982[13] 18-21+35

134

Wille? Vielen Jesusleuten fällt es schon schwer, ihn nur zu erkennen, vom Tun ganz zu schweigen. Dabei kann er erstaunlich klar werden durch ‚Bibeln' und Beten, Befragen und Beraten, Abklären und Abwägen, Gehorchen und Gedulden, Zufahren und Zugreifen. Ich höre auf, über meine Schwäche zu jammern und beginne, mich um meine geistliche Kondition zu kümmern. Denn nicht meine Klage, sondern mein Glaube bringt Gott in Bewegung. Daraus folgt, dass ich mich geistlich neu kalibriere, mich neu abstimme und ausrichte. *„Erneuert euch aber in eurem Geist und Sinn ... und lasst euch vom Geist erfüllen" (Eph 4,23+5,18).* Das Geheimnis geistlicher Frische ist, durch die permanente Infusion und Transfusion von Gottes Geist die trübe Suppe der Trägheit ausgeschwemmt und die dunkle Soße der Stagnation aus dem geistlichen Leben weggespült zu bekommen, um wieder klar zu sprudeln und neu für Gott da zu sein.

Aber was ist, wenn ich auch nach diesem Glaubenskurs keine positive Bilanz über meine Glaubensentwicklung ziehen kann? Immerhin fiel auch die der ersten Jünger nach drei intensiven Jahren Glaubenskurs mit Jesus eher dürftig aus. Selbst nach Ostern heißt es noch von ihnen: *„Einige aber zweifelten" (Mt 28,17).* Und Jesus *„schalt ihren Unglauben und ihres Herzens Härte" (Mk 16,14).* Da war wohl nicht viel weitergegangen. Aber das Entscheidende ist, dass Jesus seinen anfälligen ‚Neulingen' trotzdem die Weiterführung seiner Sache anvertraut und zugetraut hat. Und die ersten Zwölf haben ja dann auch wirklich noch die Welt gerockt. In Saloniki hieß es von ihnen: *„Diese, die den ganzen Erdkreis erregen, sind auch hierher gekommen" (Apg 17,6).* Gott hat die Jünger damals gebraucht, und er gebraucht sie heute. Er weiß, was er tut. Und er hat das Neue immer schon eingefädelt wie ein Töpfer: *„Und der Topf, den er aus dem Ton machte, missriet ihm unter den Händen. Da machte er einen andern Topf daraus, wie es ihm gefiel. Da geschah des*

*Herrn Wort zu mir: Kann ich nicht ebenso mit euch umge-*
*hen, ihr vom Hause Israel, wie dieser Töpfer?, spricht der*
*Herr. Siehe, wie der Ton in des Töpfers Hand, so seid auch*
*ihr vom Hause Israel in meiner Hand" (Jer 18,4-6).* Ein guter Töpfer wirft den missratenen Ton nicht weg, sondern ge-
staltet ihn noch einmal von vorne, formt ihn um und macht
aus ihm etwas ganz Neues. Das will der Meister Jesus auch
tun mit allen, die ihm nachfolgen: Der Geist Gottes gebraucht das Wort Gottes, um das Kind Gottes immer mehr
wie den Sohn Gottes zu machen.

## Überwinden

Ich werde meine Fehler und Macken überwinden und geistliche Begeisterung zurückgewinnen, wenn ich das, was ich
tue, wieder zuerst für Jesus tue. Für wen ich etwas tue, ist
bei ihm bedeutungsvoller als das, was ich tue. Es macht aus
etwas Normalem etwas Besonderes, wenn ich es für jemand
Bestimmten tue.

Zum Beispiel David im Alten Testament vertraute Gott täglich, lebte mit Gott täglich, ehrte Gott täglich. Davon zeugen
viele seiner Psalmen. Er war so erfüllt und begeistert von
Gott, dass er nicht etwa sagte: Der Riese Goliath ist so groß,
den kann ich nie besiegen, sondern: Der Riese Goliath ist so
groß, den kann ich überhaupt nicht verfehlen. Aber es gab
auch in Davids Glaubensleben zweierlei Saison und einen
Schwund seines Enthusiasmus im Alter. Der junge David
stürmte begeistert in den Kampf gegen einen Riesen, weil er
Gott vertraute und für ihn da sein wollte. Später stürzte er
leichtfertig in eine verhängnisvolle Affäre, weil er es sich auf
dem Balkon seines Penthouses gemütlich gemacht hatte und
sich in eine Frau verguckte *(1 Sam 17, 2 Sam 11+12).* Aber
wenn der Blick von der ewigen Berufung zur zeitlichen Belustigung abschweifen will, betet ein ‚Follower' von Jesus

wie David: *„Schaffe in mir, Gott, ein reines Herz, und gib mir einen neuen, beständigen Geist"* (Ps 51,12). Niemand aus dem Team von Jesus muss vorzeitig aus dem Lauf des Glaubens ausscheiden, oder sich mit Unvollendetem herumschlagen. Sich Jesus neu weihen und hingeben und die dazu notwendigen Schritte setzen, führt zu der Erfahrung und dem Bekenntnis: *„Gott aber sei Dank, der uns den Sieg gibt durch unsern Herrn Jesus Christus"* (1 Kor 15,57). Alle dürfen mit Paulus durchkommen, heimkommen und resümieren: *„Ich habe den guten Kampf gekämpft, ich habe den Lauf vollendet, ich habe Glauben gehalten; hinfort liegt für mich bereit die Krone der Gerechtigkeit, die mir der Herr, der gerechte Richter, an jenem Tag geben wird"* (2 Tim 4,7+8).

Am Ende dieses Glaubenskurses „MIR NACH!" ist nun noch einmal der Blick auf Jesus zu richten, der ja selbst so etwas wie ein Jünger gewesen ist, sagt doch das Neue Testament von ihm: *„Und er hat in den Tagen seines irdischen Lebens Bitten und Flehen mit lautem Schreien und mit Tränen dem dargebracht, der ihn vom Tod erretten konnte; und er ist auch erhört worden, weil er Gott in Ehren hielt. So hat er, obwohl er Gottes Sohn war, doch an dem, was er litt, Gehorsam gelernt. Und als er vollendet war, ist er für alle, die ihm gehorsam sind, der Urheber des ewigen Heils geworden"* (Hebr 4,5-9). Das heißt doch: Jesus weiß, wie das ist und versteht die, die ihm folgen, wie kein anderer. Denn er hat sich mit ihnen auf Gedeih und Verderb verbunden und das Gleiche durchlebt und durchlitten wie sie. Und sogar er hat seinem himmlischen Vater gegenüber Gehorsam gelernt. Das war sein Abschlusszeugnis und sollte das aller sein, die zu ihm gehören. Wenn man das auch von mir am Ende sagen kann, dass ich Gehorsam gelernt habe, dann war meine Jüngerschaft nicht vergeblich und fruchtlos, sondern dann darf ich auf der Schwelle zur Ewigkeit aus dem Mund von Jesus hören: *„Geh hinein zu deines Herrn Freude"* *(Mt 25,21).* Von Jesus zur Nachfolge Berufene leben nicht der Nase nach, sondern ihm nach. Sie erfahren sich angeschlossen an Gott und angewiesen auf ihn. Sie sind interessiert und motiviert, im Glauben weiterzukommen und mit ihren Ressourcen klarzukommen. In Glauben und Leben zurechtzukommen, diszipliniert sie und fokussiert sie darauf, sich selbst zu organisieren und sich auf Jesus zu konzentrieren. Ihre Gemeinschaft animiert sie zu guten Beziehungen. Sie können miteinander auskommen, kultiviert ihre Konflikte lösen und ihre Einheit bewahren. Sie involvieren Talentierte in ihre Teams, damit sie gemeinsam das Reich Gottes voran bringen. Strapaziert und angefochten wie Jesus sind sie bereit, ihm das Kreuz nach zu tragen. Inspiriert rüberkommen und couragiert durchkommen werden sie, wenn sie von ihrem Glauben sprechen und die Zeichen der Zeit erkennen. Und als Absolventen der Schule von Jesus werden sie einmal heimkommen, wenn sie Gehorsam lernen und treu durchhalten wie Jesus, der sie gerufen hat: *„Mir nach!"*

**Fragen zum Nachdenken und zum Gespräch:**

Wie gut bin ich gerüstet und kann ich mich überwinden?

Was nehme ich aus diesem Glaubenskurs mit?

Welche nächsten Schritte plane ich jetzt?

## Literaturverzeichnis

Bibelausgaben:
Die Bibel Lutherübersetzung, Stuttgart 1984 und 2017
Gute Nachricht Bibel, Stuttgart 2000 (GNB)
Hoffnung für alle Die Bibel, Basel/Gießen 1998[3]
Neue Genfer Übersetzung, Stuttgart 2011 (NGÜ)

Asmussen H. Die Seelsorge, New York 1935[4]
Augustinus A. Bekenntnisse, Stuttgart 1977
Backhaus A.
Lieber Lachfalten als Tränensäcke, Moers 2002[2]
Beck U. Risikogesellschaft
Auf dem Weg in eine andere Moderne, Berlin 1986[25]
Bonhoeffer D. Gemeinsames Leben, München 1982[18]
Bonhoeffer D. Nachfolge, München 1982[13]
Bonhoeffer D. Sanctorum Communio, München 1969[4]
Crabb L. J. Die Last des anderen, Basel 1984
Freud S. Eine Schwierigkeit der Psychoanalyse, Wien 1917
Gripentrog A. Prototyp Kirche, Norderstedt 2020
Haacker K. Was Jesus lehrte, Neukirchen-Vluyn 2010
Hybels B. Mutig führen, Asslar 2002
Jentsch W. Der Seelsorger, Moers 1983[2]
Maxwell J. C. The 5 Levels of Leadership, New York 2011
Ortberg J. Das Leben, nach dem du dich sehnst, Asslar 2001[5]
Postman N. Wir amüsieren uns zu Tode, Frankfurt a.m. 1985
Rogers C. Die nicht-direktive Beratung, München 1972
Safranski R. Zeit, Frankfurt a. M. 2017
Schaeffer F. Gott ist keine Illusion, Wuppertal 1974[3]
Schleske M. Der Klang, München 2014[8]
Tacke H.
Glaubenshilfe als Lebenshilfe, Neukirchen-Vluyn 1993[3]
Watzlawick P. Beavin J. H. Jackson D. D.
Menschliche Kommunikation, Bern Stuttgart Wien 1969

Michelangelo: Die Erschaffung Adams

Christi Himmelfahrt

141